臺灣歷史與文化 研究輯刊

十八編

第 12 冊

臺灣基隆地區古典詩歌研究（上）

吳淑娟 著

花木蘭文化事業有限公司

國家圖書館出版品預行編目資料

臺灣基隆地區古典詩歌研究（上）／吳淑娟 著 -- 初版 -- 新
北市：花木蘭文化事業有限公司，2020〔民 109〕
目 6+200 面；19×26 公分
（臺灣歷史與文化研究輯刊十八編；第 12 冊）
ISBN 978-986-518-192-5（精裝）
1. 臺灣文學 2. 臺灣詩 3. 文學評論
733.08   109010607

臺灣歷史與文化研究輯刊
十八編　第十二冊　　　　　　　　　ISBN：978-986-518-192-5

臺灣基隆地區古典詩歌研究（上）

作　　者　吳淑娟
總 編 輯　杜潔祥
副總編輯　楊嘉樂
編　　輯　許郁翎、張雅淋　美術編輯　陳逸婷
出　　版　花木蘭文化事業有限公司
發 行 人　高小娟
聯絡地址　235　新北市中和區中安街七二號十三樓
　　　　　電話：02-2923-1455／傳真：02-2923-1452
網　　址　http://www.huamulan.tw 信箱 hml810518@gmail.com
印　　刷　普羅文化出版廣告事業
初　　版　2020 年 9 月
全書字數　209546 字
定　　價　十八編 16 冊（精裝）台幣 40,000 元　　版權所有・請勿翻印

臺灣基隆地區古典詩歌研究（上）

吳淑娟　著

作者簡介

吳淑娟，臺灣基隆人。七堵國小、明德國中、基隆女中、中國文化大學中國文學系中國文學組、文學研究所碩士班畢業。曾任教育部國語推行委員會《異體字字典》兼任助理編輯、文化大學華岡超媒體新聞編輯、文字記者，現任國中教師，碩士論文為《臺灣基隆地區古典詩歌研究》。

提　　要

本論文主要研究「臺灣基隆地區古典詩歌」，論文章節以時間為主要劃分，依序為清代、日據、光復後至今。研究區域以臺灣基隆地區為主，由於清代、日據、臺灣光復後，基隆的行政領域經多次變革，各時代隸屬於基隆行政領域之詩社、詩作，皆盡力蒐羅論述，故以「基隆地區」稱之。本論文所謂的「古典詩歌」是指古典詩，如古體、絕句、律詩、歌行等。本論文撰寫的主要目的主要希望能有助於地方文教的推動，也希望能為將來有志編寫臺灣文學史的學者，提供了更多的文學史料及文學發展的重要脈絡。全文一共有七章，其大要如下：

第一章：緒論

說明本論文的研究動機與目的；研究範圍與限制；研究方法與架構。

第二章：基隆地區古典詩發展之社會文化背景

主要說明基隆地區的開發、行政領域的變革及地方文教的發展情形，探討外在環境對基隆地區古典詩發展的影響。

第三章：清代基隆地區古典詩

首先探討清代基隆地區詩作在地方志中的收錄情形，並針對基隆地區詩作中之內容表現及特色作主題的呈現與探討。

第四章：日據時期基隆地區古典詩（上）

主要以文獻整理的方式，試著還原日據時期基隆古典詩社與詩社的文學活動，以窺基隆詩壇之特色。

第五章：日據時期基隆地區古典詩（下）

以詩人著作進行分析，透過大量閱讀方式，了解基隆古典詩所呈現的思想、情感，探討基隆地區古典詩所呈現的共同內容及其特色。

第六章：光復後基隆地區古典詩

將目前基隆地區詩社活動之詩集及資料作一呈現與整理，藉由實地走訪與參與活動，了解目前基隆詩壇的發展概況。

第七章：結論

探討基隆地區古典詩整體發展與流變、主要特色以及在臺灣詩史上的定位，並試論基隆古典詩未來的走向與展望。

第一章　緒　論

第一節　研究動機與目的

　　近年來，研究及整理臺灣文學者日益增多，關於臺灣古典文學研究，已有愈來愈多的成果呈現，如涵蓋整個臺灣古典詩歌發展的《臺灣詩史》或是單一地區、時期的詩社研究，如《南社研究》、《北港地區傳統詩社研究》、《日治時期瀛社研究》；文類研究、詩歌主題研究，如《清代台灣八景與八景詩》、《清代臺灣竹枝詞之研究》，重要詩人研究等等，都可以看出現階段臺灣古典文學的研究方向、專題往多元、深入的路線邁進，而區域性的文學發展也是臺灣古典文學的一個重要的主題。臺灣區域文學的研究方向，除了各地文史工作者成立文史工作室〔註1〕，有計畫地蒐集及保存地方文獻。另外，也有學者與地方文化單位合作，以縣市為單位，進行縣市文學作品的蒐集與整理。

　　基隆地區文學史料的整理與保存，在基隆市政府及基隆文化中心的努力下，陸續有了新的展望。例如：日據時期基隆古典詩人張添進《破浪吟草》的重新刊行，收錄了詩人張添進的詩稿及當時基隆地區古典詩社「鐘亭」活動課題的手稿；基隆詩學研究會的古典詩人陳兆康、王前所編的《雨港古今

〔註1〕基隆地區成立的文史工作室，主要可分為民間及官方兩部分：民間有薛麗妮成立的雞籠文史工作室，主要以鄉土史料呈現為主；官方則有基隆文史室，設基隆文化中心三樓，使用者登記後方可進入，可供民眾閱讀相關文獻史料，文史工作室裡，並收藏包括大同吟社相關資料及詩人之剪報整理，有助文史工作者研究。

詩選》則選輯歷來基隆古典詩人的作品,使得研究者知基隆古典詩壇之梗概。由行政院文建會指導,國立臺灣海洋大學曾子良教授計畫主持的《基隆市文學類資源調查成果報告書》主要以田野調查及文獻資料調查進行,範圍則涵蓋了基隆民間文學、古典文學、現代文學;大同吟社第三任社長陳德潛之子陳青松則致力於《基隆市志》及文史資料的編纂,這些成果都留給了後人很大的參考價值。不僅有助於推動地方文教的發展,也為將來有志編寫臺灣文學史的學者,提供了更多的文學史料及文學發展的重要脈絡。

臺灣的古典詩,是貫穿整個臺灣文學史的重要文體。縱觀整個基隆地區的古典文學,仍可以發現古典詩為貫穿各個時代的代表文體,是整個臺灣文學史的縮影。而與古典詩息息相關的古典詩社,就扮演著保存文學史料及古典詩重要推手的角色。整體而言,基隆地區古典詩的作品,未刊行或已散佚的作品不在少數,已刊行的作品,於國家圖書館臺灣分館保存或是詩人個人收藏則佔了大多數,而基隆地區古典詩社的活動,主要以《基隆市志》記載或耆老片段口述為圭臬。因此文學史料的挖掘、整理與重現,便成了現階段的重要工作。

本文寫作動機與目的,即是希望能盡力蒐羅整理各種相關的文獻,完整基隆地區文學史料,進而反映出不同時期的風貌,重現清代以來基隆地區古典詩整體發展與流變,並客觀地探討基隆地區古典詩的主要特色以及在臺灣詩史上的定位,甚至藉此與全臺各區域古典文學有所接軌。另外,筆者深刻希望能為自己的故鄉做些事,對自己的故鄉有所回饋,飲水思源,這樣簡單的一個心念,也成為支撐筆者撰寫《臺灣基隆地區古典詩歌研究》的主要力量。

第二節　研究範圍及限制

一、研究範圍

本論文主要研究「臺灣基隆地區古典詩歌」,論文章節以時間為主要劃分,依序為清代、日據、光復後至今。研究區域以臺灣基隆地區為主,由於清代、日據、光復後,基隆的行政區域經多次變革,各時代隸屬於基隆行政領域之詩社、詩作,皆盡力蒐羅論述,故以「基隆地區」稱之。而本文所謂的「古典詩歌」是指古典詩,如古體、絕句、律詩、歌行等。

其中基隆清代詩歌部分，由於基隆開發較晚，文教方面一直要到光緒三年（一八七七）轄內才設立唯一的書院「崇基書院」，因此當時未有基隆詩人，詩作主要由《淡水廳志》、《基隆市志》、《重修臺灣省通志》等地方志、通志選輯而來，詩作多為游宦詩人所作，關乎基隆一地風物之詩。清代部分，主要取基隆地區詩作中之內容表現及特色為主線作呈現。

日據時期基隆地區古典詩社的成立與詩人的活動非常興盛，詩人、詩社、詩作有著密不可分的關係。但是，日據時期的基隆詩作幾乎仍未作有效的整理，因此資料的搜集整理便成為最大的課題與工作，整體而言，當時基隆詩人詩社活動多記錄在《詩報》中，因此便逐年檢閱《詩報》，製作相關年表，重現出當時詩人、詩作及詩社活動，以補足文獻紀錄。另外，並以當時重要古典詩人所著詩集，如《陋園吟集》、《環鏡樓唱和集》、《破浪吟草》、《東臺吟草》等，透過大量閱讀方式，以了解基隆地區作品的題材、內容、思想、情感，並佐以其他議題詩作，如基隆采風詩，竹枝詞、八景詩作呈現。以探討基隆地區古典詩所呈現的共同內容及其特色。

光復至今，古典詩的創作仍以詩社集會時所作的擊鉢詩為主。活動頻繁的詩社主要有大同吟社及基隆詩學研究會。民國九十一年底，大同吟社因社長陳德潛赴日任教席，社務因而中斷。今日，僅剩基隆詩學研究會一肩擔起弘揚基隆市詩學的重責大任，其間，筆者藉由實地走訪參與活動，並拜訪耆老，希望能藉此了解目前基隆詩壇的發展概況，未來的走向與展望，將目前基隆地區詩社之原始資料作一呈現與整理。詩人活動集會後，所刊行相關詩集，如《海門擊鉢吟集》一至四集、《大同吟社第一、二、三次詩人聯吟會詩草》。筆者觀其內容，試論述其表現與特色。

二、研究限制

其中，研究最大的困難點，在於資料的搜集及文獻整理不易。以日據時期基隆詩社的成立時間為例，現今均以《基隆市志》或是大同吟社第二任社長陳其寅於《懷德樓文稿》中所撰述的基隆詩壇之今昔，為主要參考底本。而沒有針對當時的報紙期刊，如《臺灣日日新報》、《詩報》進行全面性的檢閱與復原釐清之工作。因此，文獻的整理與重現便佔了十分重要的地位。

以記載日據時期古典詩為主的《詩報》為例，無疑地，必須作微卷的檢索工作，對筆者的體力而言可說是一大挑戰。藉由《詩報》的整理工作，試

著還原日據時期基隆地區詩社的活動情形，並試著釐清整個基隆詩壇的發展脈絡，擬以詩題、詩作為特色，勾勒出當時基隆地區古典詩的面貌，及所反映的時代問題。礙於沒有確切的文獻可以參考，僅能從當時報章裡歸納整理試著作出還原其原貌。因此筆者對連橫在〈台灣通史序〉裡所言：「斷簡殘編，蒐羅匪易，郭公夏五，疑信相參，則徵文難；老成凋謝，莫可諮詢，巷議街談，事多不實，則考獻難。〔註2〕」有著深刻感受。

關於詩社成立的時間及各詩社中詩人名單的確認，令筆者倍感棘手，因為幾乎沒有當時社務資料可以作為參考依據。另外，有些詩社，運作的時間極為短暫，猶如曇花一現，甚至連當時基隆的地方志，都未有相關紀錄，或是紀錄不詳。筆者僅能以《基隆市志》，加上當時《詩報》及各報章文獻所刊載的例會及參與社員，一一爬梳出相關資料。當時基隆地區詩人多參與一個以上的詩社，處理起來更是複雜，究竟是各詩社間來訪聯吟，抑或是詩人同時參加各詩社，均無資料可以確切地證實。因此，僅能勾勒出主要的名單，期盼對將來研究基隆地區詩社及詩人、詩作者，能有所助益。

第三節　研究方法與架構

一、研究方法

由於目前尚無任何基隆古典詩歌之學術論文，加上基隆詩人、詩作、詩社的關係密不可分，因此文獻的整理與還原為主要研究方法，拜訪專家或古典詩人、詩社，也為本論文的研究方法，以下將本論文所使用的三個方向，依次說明：

一、文獻蒐集與分析

主要進行文獻的整理與分析，並將日據時代刊登古典詩的重要刊物《詩報》作出爬梳整理，再以大量閱讀的方式，做出歸納統整，藉以探討基隆地區古典詩所呈現的共同內容及其特色。

二、實地察訪與請益詩界耆老

拜託詩界耆老，請求回憶敘述。並走訪基隆文史工作室，以取得歷來基隆地區詩社之資料。

〔註 2〕連橫：《臺灣通史》（上），（臺北黎明文化事業公司，民國九十年四月），頁 20。

三、加入詩社、詩學會

為深入了解現今古典詩壇之概況，筆者亦參加民間詩社之活動，並藉由實際參與活動，了解擊鉢聯吟、詩社集會情形、詩人習詩之情形，以觀今日基隆詩壇之發展。

二、研究架構

本論文共分為七章：

第一章：緒論

說明本論文的研究動機與目的；研究範圍與限制；研究方法與架構。

第二章：基隆地區古典詩發展之社會文化背景

主要說明基隆地區的開發、行政領域的變革及地方文教的發展情形，探討外在環境對基隆地區古典詩發展的影響。

第三章：清代基隆地區古典詩

首先探討清代基隆地區詩作在地方志中的收錄情形，並針對基隆地區詩作中之內容表現及特色作主題的呈現與探討。

第四章：日據時期基隆地區古典詩（上）

主要以文獻整理的方式，試著還原日據時期基隆古典詩社與詩社的文學活動，以窺基隆詩壇之特色。

第五章：日據時期基隆地區古典詩（下）

以詩人著作進行分析，透過大量閱讀方式，了解基隆古典詩所呈現的思想、情感，探討基隆地區古典詩所呈現的共同內容及其特色。

第六章：光復後基隆地區古典詩

將目前基隆地區詩社活動之詩集及資料作一呈現與整理，藉由實地走訪與參與活動，了解目前基隆詩壇的發展概況。

第七章：結論

探討基隆地區古典詩整體發展與流變、主要特色以及在臺灣詩史上的定位，並試論基隆古典詩未來的走向與展望。

第二章　基隆地區古典詩發展之社會文化背景

第一節　基隆地區的開發

一、明代關於雞籠山、雞籠的記載

　　基隆位於臺灣的北部，三面環山，一面臨海，獨港口缺而北向。基隆，古名雞籠。雞籠相關地名最早可溯源於《明史》一書的記載：

> 雞籠山在彭湖嶼東北，故名北港，又名東番，去泉州甚邇。地多深山大澤，聚落星散，無君長，有十五社，社多者千人，少或五六百人，無徭賦，以子女多者為雄，聽其號令，雖居海中，酷畏海，不善操舟，老死不與鄰國往來。〔註1〕

明代張燮《東西洋考》亦云：

> 雞籠山、淡水在澎湖之東北，故名北港，又名東番云。〔註2〕

由上述記載，可知其中所描繪的雞籠山，汎指臺灣東北部一帶。當時「雞籠山」又名「北港」、「東番」，仍為未闢的山陵荒野，多原住民居住。另外，《明史》也曾描述「雞籠」一地遭倭寇侵擾的情形：

〔註1〕清·張廷玉等著：新校本《明史》卷三百二十三·列傳第二百十一·外國四 雞籠，（鼎文書局，民國六十四年六月臺一版），頁8376。

〔註2〕張燮：《東西洋考》卷五·東洋列國考，（臺灣商務出版社，民國六十年臺一版），頁68。

　　嘉靖倭寇擾閩，大將戚繼光敗之，倭遁居於此，其黨，林道乾從之，
　　已而道乾懼為倭所併，又懼官軍追擊，揚帆直抵浡港，攘其邊地以居，
　　號稱乾港，而雞籠遭倭焚掠，國遂殘破。彼初居海濱，既遭倭難，稍
　　稍避居山，後忽中國漁船從魍港飄至，遂往來通販以為常。〔註3〕

明嘉靖年間，戚繼光大敗閩、粵一帶的海盜，海盜林道乾於是流竄到乾港一
帶。「雞籠」一地遭海盜侵犯，之後遂與中國展開通商貿易。而雞籠一名的由
來，根據《基隆市志》所載：「基隆地區，原為平埔番所據，其族曰凱塔格南
（Ketagalan），最初由頂雙溪河口登陸，聚居於舊社附近，成為臺灣番族之發
祥地，其後漸向基隆、金包里、淡水、及臺北平原發展，而成龜霧社。雞籠
之得名亦由此，蓋凱塔格南去凱塔二字而餘格南，其音宛似雞籠，遂以為名
歟。〔註4〕」關於「雞籠」地名的由來，歷來有數種說法，今陳於下：

（一）雞籠山是基隆沿海附近最高的山，為基隆東南方高五百八十九公
　　　　尺的錐狀火山體，因其形似罩雞的籠子，故名雞籠山。而後每當
　　　　福州、廈門等地的船隻駛近雞籠，看到雞籠山時，即知台灣到了，
　　　　因此雞籠的地名源自附近的雞籠山。

（二）基隆古名為「雞籠」，是因為有明一代，基隆地區主要為原住民
　　　　凱達格蘭族所佔據。「雞籠」一名，主要即根據凱達格蘭族
　　　　（ketagalan）一詞之字音省略，取其首尾 ke-lan 音譯而成來稱呼
　　　　〔註5〕，而格蘭與閩南語中雞籠之音相近，遂有雞籠一名的出現。

〔註3〕清・張廷玉等著：新校本《明史》卷三百二十三・列傳第二百十一・外國四　雞
　　　籠，（鼎文書局，民國六十四年六月臺一版），頁 8377。除了上述雞籠部分，
　　　頁 8369 亦記載著關於雞籠山的事項：「四十四年，日本有取雞籠山之謀，其地
　　　名臺灣，密邇福建，尚寧遣使以聞，詔海上警備。」記載著萬曆四十四年（一
　　　六一六），琉球王尚寧，遣史於明廷，告以日本將取雞籠之謀，以加強海上警
　　　備，當時臺灣之西岸一帶，幾乎為倭寇所佔據。另外，還有，頁 8377 的記錄：
　　　「其地，北自雞籠，南至浪嶠，可一千餘里。東自多羅滿，西至王城，可九百
　　　餘里，水道，順風，自雞籠、淡水至福州港口，五更可達；自臺灣港至彭湖嶼，
　　　四更可達；自澎湖至金門，七更可達；東北至日本，七十更可達；南至呂宋，
　　　六十更可達。蓋海道不可以里計，舟人分一晝夜為十更，故以更計道里云。」
　　　這裡則敘述了順風時行船，由雞籠、淡水到福州港的距離是「五更」，而行船
　　　人以一晝夜為十更，因此可以知道其距離不長。
〔註4〕基隆市文獻委員會：《基隆市志　沿革篇》，（基隆市文獻委員會，民國四十五年
　　　四月），頁 5。
〔註5〕基隆地區的地名，包括：暖暖、大武崙、八斗子、瑪陵坑等地名，都是由原住
　　　民凱達格蘭族，的語音轉化而來。

（三）源自平埔族凱達格蘭人的雞籠社或大雞籠社，即由社名而變成地名。

（四）基隆因三面環山，一面環海，形似雞籠，靠海那邊好像雞籠的出口，因而得名。

二、西班牙與荷蘭人之入侵

十五世紀時，西歐各國為爭海上霸權，對亞、美兩洲展開侵略與爭奪。當時，荷蘭人與西班牙人屢次侵犯北部臺灣，由《基隆市志》記載，可知一六二六年時西班牙人佔領北部臺灣，在今日和平島一帶築起城堡〔註6〕，但西班牙人為謀久居之計，著手開發雞籠西方之瑪陵坑，西北之金包里。西班牙人多用懷柔政策治臺，試圖以宗教及教育的手段教化原住民。又因當時淡水與雞籠陸路未開，往返須迂迴海岸，遂於崇禎五年（一六三二）沿雞籠河闢陸路入臺北平原，並試圖教化當地的原住民。當時，西班牙人留居淡水者約二百人，在雞籠者達三百人，以雞籠為對中國及馬尼拉之船舶貿易中心。

西班牙人據臺後，荷蘭提督彼得爾諾伊茲（Piter Nuyts）遣軍艦攻淡水港，與西班牙人交戰，戰敗而返，之後西荷兩軍屢屢交戰。直至崇禎十五年（一六四二）西班牙用兵呂宋，荷蘭人乃乘虛急攻，盤踞淡水、雞籠達十六年之久的西班牙人乃棄城逃走，至此由荷蘭人據臺。而荷蘭人對北部的開發無任何顯著之效，至永曆十五年（一六六一），據臺之荷人，遂為鄭成功所逐。而後鄭成功在行政區域上設立一府二縣，一府為承天府，二縣為天興縣、萬年縣，但均著重於臺灣南部的開發，基隆地區幾乎沒有任何的開墾拓殖的措施。

三、清代雞籠地區的開發情形

清康熙二十二年（一八六三）施琅領軍攻臺，明鄭失守，清廷收復臺灣，正式將台灣納入版圖。但當時許多大臣認為台灣只是海外孤懸之地，難以久

〔註 6〕基隆市文獻委員會：《基隆市志 沿革篇》，（基隆市文獻委員會，民國四十五年四月），頁7的記載：「明天啟六年（一六二六）五月，荷蘭人佔據南部臺灣後兩年，西班牙人於侵入菲律賓群島後，總督泰波拉（JuanNinoDeTabara）以保護中國呂宋間貿易為名，企圖佔領北部臺灣，派遣提督安敦尼加烈慾（D.AntonioCarenio），率遠征隊，自呂宋北端之阿巴利港，取航路於臺灣之東海岸，第三日發現東北角，以其國都名之曰三貂角（SanTiago），更東進達雞籠港，依社寮島（今之和平島）為根據，築城堡於海岸，名三沙爾伐斗爾城（SanSalvador）。」

安，甚至有大臣建議只保留澎湖作為東門的鎖鑰，而要放棄台灣。只有都察院左副都御史趙士麟、侍郎蘇拜以及靖海侯施琅等人力爭，會奏康熙希望能設郡縣。施琅更上疏詳細分析棄留台灣之利弊得失，如果放棄臺灣必定會釀成大禍，保留台灣才能鞏固邊圍。

康熙二十三年（一八六四），清廷正式在臺灣建立行政區域，設一府三縣，隸屬於福建省，一府為臺灣府，三縣則為臺灣縣、鳳山縣、諸羅縣。當時北部臺灣都屬諸羅縣管轄。雞籠地區雖隸屬於諸羅縣管轄，但大多是未開拓的蠻荒之地，高山深谷、叢林密佈，只有平埔族及少數漢人分居各地。

大約到了康熙中、晚期，漢人開始從滬尾、八里坌等地登陸，入墾台北盆地。雞籠地區較有規模的開墾則是雍正元年（一七二三）左右，閩省的漳州人從八里坌移居至雞籠，移居的地點主要為雞籠牛稠港、虎仔山一帶，後又遷移到雞籠港灣的南側，建立了雞籠的第一市街「崁仔頂街」，崁仔頂街為基隆市街創建的開始。乾隆年間，又營建了新店街、暗街仔街，市街逐漸繁榮，移民逐漸增加，雞籠從此以後就漸漸擴展，漁業也開始起步。

道光二十年（一八四〇），中英鴉片戰爭爆發，次年，英海軍進攻基隆，為守軍所擊退。當時基隆因港口良好，且盛產煤礦，西方各國均對基隆一地虎視眈眈。道光三十年（一八五〇），英國公使曾要求清廷准許英人在基隆開採煤礦，但清廷不許。

咸豐元年（一八五一），外國商船開始在淡水、基隆進行貿易。到了咸豐十年（一八六〇），由於天津條約的簽約，基隆正式開為商港。而《淡水廳志》記載如下：

> 咸豐元年，洋船始在滬尾、雞籠依商貿易，官照商船徵稅。……同治元年六月廿日，滬尾開關徵稅；二年正月，奏委道員馬樞輝接辦。彰化亂，馬樞輝未到，委淡水同知恩煜代之。恩煜請設關渡驗卡，稽查洋商，進出巡邏仍用關船。稅務司旋稟總理衙門，請於雞籠、打狗、府城之鹿耳三處通商，部議准行。八月十九日，雞籠開禁，洋人派副稅務司專駐滬尾、雞籠二口，會同關員稽徵。三年四月，打狗港、鹿耳門亦開禁，凡四口，以滬尾為正口，雞籠、打狗、鹿耳為外口。〔註7〕

〔註7〕陳培桂：《淡水廳志》卷四・志三 賦役志，（南投臺灣省文獻委員會出版，民國六十六年二月），頁93。

咸豐元年，外國商船在淡水、基隆貿易，清廷並向往來商船徵收稅金。到了同治二年，雞籠正式開禁，成為淡水之副港。同治九年（一八七〇），清廷准開基隆煤礦。同治十三年（一八七四），日本藉口牡丹事件，自行興師討番。清廷命福建大臣沈葆楨莅臺，辦理防務，事平。移駐巡撫，籌劃善後事宜，設團練總局。而後，在《臺灣通紀》中看到了雞籠行政領域的變遷的過程，其記載如下：

> 雞籠一區，建縣治則其地不足，而通商以後，竟成都會。且煤務方
> 興，末技之民四集，海防既重，訟事尤繁。該處尚未設官，亦非雜
> 佐微員所能鎮壓，若事事受成於艋舺，則又官與民交困，宜設廳治
> 之。應請改噶瑪蘭通判為臺北府分防通判，移駐雞籠。〔註8〕

由上可知，清廷每每以基隆業務及煤務發展為主要考慮，基隆港初期的開發實與附近煤礦的開採與商務之往來有密切關係。光緒元年，清廷再度調整基隆行政領域。以基隆轄地不足而無法建縣，最後移噶瑪蘭通判為臺北府分防通判，並取基地昌隆之意，將雞籠改稱為「基隆」。因此就建置言，基隆之設治，始於光緒元年。但臺北府分防通判雖為行政官吏，僅為臺北府之輔佐機構，以統理煤務之開發。

光緒十年（一八八四）法軍艦駛入基隆港，以要求清廷供給煤炭為由，清廷不應，法軍即砲擊基隆港，中法戰爭就此爆發。當時，劉銘傳任臺灣巡撫，與法將軍孤拔（Courbet）對抗，中法戰爭直到光緒十一年（一八八五）才正式宣告結束。光緒十一年（一八八五）清廷感臺灣位置之重要，遂將臺灣分立為省，並以劉銘傳為巡撫，設省城於臺灣府，分置臺北、臺灣、臺南三府。臺北府之下，置淡水、新竹、宜蘭三縣。

光緒十四年（一八八八）劃淡水東北之金、基、貂、石四堡於基隆廳，此後基隆遂成為一獨立之行政區。所謂的金、基、貂、石四堡為金包里、基隆堡、三貂堡、石碇堡，茲分述於下：

（一）金包里堡

於光緒十四年，劃入基隆廳。行政區域主要為今日臺北縣萬里、金山二鄉全部，及石門鄉部分地區。此地區於清雍正年間，閩、粵人開發，遂成金包里街。乾隆末閩、粵人爭地，粵人悉去。

〔註8〕陳衍：《臺灣通紀》卷四，德宗光緒元年，（南投臺灣省文獻委員會，民國八十二年九月），頁202。

（二）基隆堡

於光緒十四年，劃入基隆廳。行政區域為今日基隆市區，及臺北縣瑞芳鎮之部分。

（三）三貂堡

於光緒十四年，劃入基隆廳。行政區域為今臺北縣貢寮鄉全部及雙溪鄉北部地區。乾隆中葉，有漳州人吳沙者，由雞籠至澳底（今貢寮鄉）拓地。迨乾隆之末，地已大闢。頂雙溪亦乾隆末漳人連喬、吳爾者所闢。

（四）石碇堡

於光緒十四年，劃入基隆廳。以今日行政領域臺北縣汐止、平溪二鄉鎮全部，及瑞芳鎮、基隆市之各一部地區。

以下將《基隆市志》〔註9〕所錄清代基隆行政區域變遷圖，附於下：

第一次變遷		第二次變遷		第三次變遷		第四次變遷	
康熙二十三年		雍正元年		雍正九年	光緒元年		光緒十四年
府	縣廳	府	縣廳	府	縣廳	府	縣廳	府	縣廳
臺灣府	諸羅縣	臺灣府	彰化縣淡水廳	臺灣府	淡水廳	臺北府	淡水廳臺北府分防通判駐基隆	臺北府	基隆廳

光緒二十一年（一八九五），中國因甲午戰爭戰敗，北洋大臣李鴻章與日本總理大臣伊藤博文訂定「馬關條約」，臺灣遂割讓給日本。

綜觀基隆地區的發展。自明代以來，基隆屢遭不同的國家民族侵略、統治，從明代西班牙人入侵，到荷蘭人與西班牙之爭奪，到鄭成功、鄭經經營臺灣，至清光緒二十一年，清廷將臺灣割讓給日本政府。有清一代，礦業與商港的促成了基隆的開發，卻也帶來了列強的覬覦與侵略。

四、日據時期及光復後的地方行政制度

馬關條約訂定後，臺灣人民同感悲憤，決心謀求獨立，建臺灣民主國，並改國號為永清，並公推唐景崧為大總統。臺民雖屢起反抗，但終以眾寡不敵而告陷，以致日人統治臺灣五十年之久。

〔註9〕基隆市文獻委員會：《基隆市志 沿革篇》，（基隆市文獻委員會，民國四十五年四月），頁17。

　　明治二十八年（一八九五，光緒二十一年），日設總督府於舊巡撫衙署，以樺山資紀為第一任總督。而於地方行政則將全島分為三縣一廳，基隆設支廳，隸屬於台北縣。

　　明治二十九年（一八九六），日殖民政府發布「臺灣總督地方官官制」，並確定縣島廳位置及支廳位置，並又以府令規定各管轄區域，基隆支廳仍沿襲清代基隆所轄基隆堡、三貂堡、石碇堡、金包里四堡為管區。而後基隆行政區域歷經多次變遷，今根據《基隆市志》〔註10〕將日據時期基隆行政區域之演變，繪表於下，以觀其發展：

時　　間	縣廳名稱	位　置	管轄區域	備　　註
明治二十九年三月	臺北縣基隆支廳	基隆街	金包里堡、基隆堡、石碇堡、三貂堡。	（基隆堡的行政區域約為現今基隆市區；金包里堡、石碇堡現今則為台北縣所轄。）
明治三十年六月	臺北縣基隆辦務署	基隆街	基隆堡。	石碇堡改設水返腳辦務署、三貂堡改設頂雙溪辦務署、金包里堡改設金包里辦務署。
明治三十一年六月	臺北縣基隆辦務署	基隆街	基隆堡、金包里堡。	廢金包里辦務署。
明治三十二年六月	臺北縣基隆辦務署	基隆街	基隆堡、金包里堡、三貂堡及文山堡內之溪尾寮庄、大坪庄、灣潭庄。	廢頂雙溪辦務署。
明治三十三年九月	臺北縣基隆辦務署	基隆街	基隆堡、金包里堡、三貂堡、石碇堡及文山堡內之溪尾寮庄、大坪庄、灣潭庄。	廢水返腳辦務署。
明治三十四年十一月	基隆廳	基隆街	基隆堡、金包里堡、三貂堡、石碇堡及文山堡內之溪尾寮庄、灣潭庄。	
明治三十八年十二月	基隆廳	基隆街	基隆堡、金包里堡、三貂堡、石碇堡及文山堡內之太平庄、鳥山庄、溪尾庄、料角坑庄、基隆嶼、彭佳嶼、棉花嶼、花瓶嶼。	
明治四十二年十月	臺北廳基隆支廳	基隆街	基隆堡。	
大正四年二月	臺北廳基隆支廳	基隆街	基隆堡、瑞芳街。	廢瑞芳支廳。

〔註10〕基隆市文獻委員會：《基隆市志　沿革篇》，（基隆市文獻委員會，民國四十五年四月），頁34。

明治五年十二月	臺北廳基隆支廳	基隆街	基隆堡、金包里堡、三貂堡、石碇堡內之 魚坑庄、四腳亭庄、大坑埔庄、三爪仔庄、基隆嶼、彭佳嶼、棉花嶼、花瓶嶼。	
大正九年	臺北州基隆郡	基隆街	基隆街、萬里庄、金山庄、七堵庄、瑞芳庄、貢寮庄、雙溪庄。	昭和六年將平溪庄劃入。
大正十三年	臺北州基隆郡	基隆市	社寮區、濱區、真砂區、入船區、中一區、中二區、中三區、壽幸一區、壽幸二區、東區、天神區、玉葉一區、玉葉二區、元區、福德區、旭高區、明治區、瀧川區、西區、仙洞區、木山區、大武崙區、八斗子區、深澳區。	太平洋戰爭後改劃為十六區。

　　日據時期，基隆的行政區域歷經多次改變，今日瑞芳行政領域屬臺北縣，日據時期瑞芳則一度為基隆所轄，當時瑞芳又有奎山吟社，因此將行政區域列出以方便查考。日據時期，基隆市街指涉範圍大致為基隆港區流域，主要為今日基隆市的中正、信義、仁愛、中山、安樂五區。市街以外的區域，今日大都不屬於基隆市所轄，多隸屬於臺北縣或宜蘭縣所轄。

　　民國三十四年，日本於二次大戰戰敗投降，臺灣乃宣告光復。因大戰其間盟機不斷轟炸，基隆市區受到嚴重的破壞，人口銳減。光復後，因日人所劃分之轄區過小，遂將行政區域重新劃定為五區，初以數字定區名，後又以各區所在地之路名定為各區名稱，分別為：第一區（中正區）第二區（信義區）第三區（仁愛區）第四區（安樂區）第五區（中山區）。民國三十六年起，基隆市的區域範圍增加基隆河流域的七堵、暖暖兩區，以迄今日。

第二節　基隆地區發展之重要相關紀錄

一、漳州人、泉州人入墾與漳、泉械鬥

　　康熙中、晚期，漢人開始從滬尾、八里坌登陸，移墾台北盆地。而雞籠較有規模的入墾，則是到了雍正元年（一七二三）左右，一批漳州人從八里坌遷移到雞籠港灣的南側，建立了雞籠的第一市街崁仔頂街。而後雞籠移民便逐漸增加，從此以後市街就漸漸開展。泉州人入墾雞籠的時間比漳州人稍

晚，有的循雞籠河谷溯源而上，有的從北海岸走陸路過來，由於漳州人多已佔領港灣一帶，泉州人只好往河谷及山地發展，海岸線部分除了乾隆三十五年（一七七〇）由杜家五兄弟由泉州駕著漁船落腳於八斗子，逐漸發展成八斗子庄外，其餘皆為漳州人所拓墾。早期沿雞籠河谷，暖暖〔註11〕、瑪陵坑、友蚋等區域，皆為平埔族的居住地，泉州人只好向平埔族人繳租耕作。嘉慶年間，雞籠的開發進入繁盛時期，隨著噶瑪蘭平原的開墾，從雞籠經三貂嶺進入噶瑪蘭的道路打通，雞籠交通地位日漸重要，此時台北盆地大都已開發。

　　基隆地區渡海來台的移民，早期為漳州人，稍晚為泉州人。泉州人來得較晚，因此聚集在雞籠河沿岸暖暖、七堵等傍山地區。當時漢人大多以同鄉、同村或同姓集居，形成大小村落或市街，由於各操不同的家鄉方言，彼此的信仰不同，風俗習慣各異，遇有利益衝突，則易釀成爭端，嚴重時則導致械鬥。

　　基隆地區內的漳州人、泉州人常因農田界線或灌渠、買賣等各種問題發生衝突。咸豐元年（一八五一）左右，又因小事在魴頂展開大規模械鬥，死亡百餘人。漳泉人相仇，常起紛爭，死亡甚多，地方人士相約出面呼籲收集遺骸，以撫慰亡靈，建老大公廟。並盼停止此類械鬥，提出了「賽頭陣代替打破頭」口號，開啟了民間團體在迎神賽會的場合較勁的風氣。

二、「賽陣頭代替打破頭」與基隆中元祭

　　漳、泉械鬥，常常死傷慘重，基隆一地的士紳，為了平息此類爭執，便提出了「賽頭陣代替打破頭」的口號。原意是希望讓將流血的械鬥轉化為廟會競賽的熱鬧場面，不料卻帶來了同屬北管的西皮、福祿兩派長期的較勁。

　　相傳清道光年間，北管樂師簡文登到噶瑪蘭一帶開館授徒，後來同門的師兄弟中，分為「西皮」與「福祿」二派：西皮專用京胡，福祿則專用椰胡；西皮信奉田都元帥為主神，以「堂」為名號；福祿信奉西秦王爺為主神，以「社」或「郡」為名號。雙方互相對立各樹旗幟，為了在廟會的競爭比賽勝過對方，從暗鬥演變成打群架或械鬥，支持二派的不同人馬在社會事務或其他方面，也形成相互對抗的派系，成為另一種社會不安的隱憂，這樣的情形一直持續到日據末期，西皮與福祿之爭才漸趨和緩。

〔註11〕暖暖原是平埔族那那社的所在地，因泉州安溪人移入開墾後，便語譯為「暖暖」。是當時從滬尾進入噶瑪蘭內河航運的終點站，往來的商旅，常在俗稱港仔口的地方上岸落腳，造就了暖暖老街的商家林立。

　　咸豐元年（一八五一），由於漳、泉大規模械鬥，死傷慘重，士紳為革除械鬥之陋習，除了提出「賽頭陣代替打破頭」的口號外，在咸豐四年（一八五四），並議定日後於每年的農曆七月舉行中元普度醮祭，藉以超度歷年來在械鬥、渡海、瘟疫死難之先民孤魂及抗荷、抗西之烈士亡魂。中元普度沿襲中原風俗，定為農曆七月。議定後，便於次年，咸豐五年（一八五五）開辦，抽籤結果由張廖簡、吳、劉唐杜、陳胡姚、謝、林、江、鄭、何藍韓、賴、許等十一姓輪流主持普度事宜。咸豐五年開辦時，由碼頭商店元發號承辦，後改由慶安宮承接，迄今此傳統仍沿襲著，後規模愈來愈大，遂成為廣為人知的「基隆中元祭」。

第三節　基隆地區文教發展

一、清代基隆的文教發展

　　由上兩節可看出基隆一地的發展比臺灣南部略遲，整體的建設大約到了咸豐年間由於港務運作及煤礦開採的關係，才有了顯著的發展。基隆一地，內部環境除了多次的漳、泉大規模械鬥外，外在環境又有著列強環伺侵擾，如西班牙人、荷蘭人、法國人均屢次進攻基隆。就行政區域的建置與劃分來說，基隆一地先屬隸於諸羅縣，後隸屬於淡水廳，關於基隆之史料及文徵都須仰賴所屬縣、廳方志的紀錄，基隆一地也沒有所謂「采訪冊」的刊行，文史資料考稽可說十分不易。

　　臺灣在康熙年間，已設崇文、海東兩書院，雍正年間以後，各地書院漸次設立。基隆隸屬於淡水廳後，基隆士紳多肄業於淡水廳所屬之明志、學海兩書院。光緒十九年（一八九三），舉人江呈輝創立崇基書院，崇基書院便成為基隆唯一書院。當時所謂普化教育的義塾，附於崇基書院內，惜崇基書院創立後，遭逢甲午戰敗，清廷割臺，因此僅舉辦首次的月課，便無法經營。

二、日據時期的教育措施

　　日據以後，日人為實行同化政策，將原有官方教育廢除，建立新的教育制度。其教育政策大致可分為三個階段：

（一）臺灣教育令頒布前（一八九五年五月至一九一九年三月）

此時期由於日殖民政府對臺之教育政策未具體確立，但大力推行日語，普設日語講習所，及漢文講習所，並藉宗教（佛教）宣教機會，推廣日語。當時基隆地區，除了設置日語講習所外，並專設基隆學校一所，選拔優秀青年，授以日文，此為正式的日語學校。

（二）臺灣教育令頒布後（一九一九年四月至一九四一年）

日本臺灣總督府公佈臺灣教育令後，日人與臺人之教育便成二系統，彼此判若鴻溝。初等教育部分，臺人入公學校，日人入小學校；中等教育部分，設高等普遍學校，及高等女子學校。此外，尚有實業教育、專門教育、師範教育等等。而當時基隆地區，也設有同風會、教育會及教習所等等，對當時社會風氣影響甚鉅。

（三）臺灣教育令再度改正（一九四二年至一九四五年）

太平洋戰爭後，日人更積極推行同化政策，將臺灣教育令改正，初等教育部份，將基隆各公小學校，一律改成國民學校，藉實施義務教育，進一步推行同化政策。

清代之府縣儒學、書院、學塾等屬官立者，在日人據臺後，皆遭廢除，但民間書房仍長期存在，由於民間書房，如驟然廢止，則兒童失學，勢必使施政上多有妨礙。因此日據前期，尚未廢除書房。

三、日據時期基隆地區書房與詩社之關係

書房講習孔孟之道，民族大義皆在其中，書房對於保存漢文、傳統文化，自然有著功不可沒的功勞，書房成為學習漢文的最佳場所。基隆的書房，在日據前期十分興盛，後期因日人以為書房與殖民政策不合，於是漸次加以管制、廢除書房，基隆地區的書房從昭和三年（民國十七年，一九二八）的二十四所，到了昭和十二年（民國二十六年，一九三七）僅存三所。中日戰爭爆發後，公學校正式廢除漢文科，漢文書房全遭禁止。昭和十八年（民國三十二年，一九四三）日本總督府頒布廢止私塾令，於是書房乃完全停辦。以下摘錄《基隆市志》〔註12〕所記錄昭和三年的基隆地區書房概況於下：

〔註12〕基隆市文獻委員會：《基隆市志 教育篇》，（基隆市文獻委員會，民國四十五年十二月），頁 61。

表2-1：基隆書房一覽表（昭和三年，民國十七年）

書房名稱	位置	設立者姓名	其他紀要
正蒙書房	基隆字崁仔頂三八	何雲儒	
保粹書房	基隆字草店尾五	李燦煌	月曜吟社之發起人
＊步雲齋書房	石硬港一五九	簡銘鐘	曉鐘吟社之會員
＊鳴鶴堂書堂	基隆字新店八二	蔡夢花	
自明書房	蚵殼港一二六	蔡明	
＊自珍書房	基隆字新店七九	邱金龍	
綠竹齋書房	仙洞一二八	黃朝侯	
大武崙書房	大武崙字外寮四五四	劉成土	日據時期，大武崙地區有大武崙詩學研究會活動。
養心齋房房	基隆字玉田一〇六	蔡慶雲	
成德齋書房	田寮港五三｜三	林雙輝	
煮石山書房	基隆八斗子六四	高重熙	
養正書房	基隆字三沙灣二九	吳梓生	
日新書房	基隆字曾子寮九一	陳登瑞	瀛社、小鳴吟社社員
深澳坑書房	深澳坑一五八	張阿呆	
求是齋書房	社寮島五七（和平島）	莊錫茲	
錦文齋書房	金山莊頂角字竹子山腳五號	簡清賢	有萍聚吟社。
文峰齋書房	金山莊中腳字跳石一四一號	陳木旺	同上。
鶯歌石改良書房	七堵莊鶯歌石一〇八號	周永琳	昭和八年，七堵有同勵吟社。
深澳書房	瑞芳莊深澳五六號	杜大戀	瑞芳地區當時，奎山吟社。
南子吝書房	瑞芳莊南仔吝二二號	林德浮	同上。
大粗坑書房	瑞芳莊九芎橋二九號	鄭戇趄	同上。
分水天書房	瑞芳莊魚桀魚坑尪子上天七九號	方春木	同上。
蚊子坑書房	貢寮莊撈動字蚊子坑	林石吉	
坊腳書房	貢寮莊枋腳	林蕭香	

（「求是齋」以上之書房，屬基隆市；「錦文齋」以下之書房屬基隆郡；有＊者為昭和十二年僅存之書房。）

　　另外，以圖表呈現日據時期書房及詩社的消長情形。

表 2-2：日治時期書房及詩社增減概況

時　間	書　　房		詩　　社	
	（總數）	（增減數）	（累計總數）	（增減數）
1912（大正元年）	541	－7	16	＋4
1913	576	＋35		
1914	638	＋62	20	＋4
1915	599	－39	23	＋3
1916	584	－15	24	＋1
1917	533	－51	27	＋3
1918	385	－148	29	＋2
1919	301	－84	32	＋3
1920	225	－76	38	＋6
1921（大正十年）	197	－28	49	＋11
1922	94	－103	60	＋11
1923	122	＋28	69	＋9
1924	126	＋4	78	＋9
1925	129	＋3	83	＋5
1926（昭和元年）	136	＋7	90	＋7
1927	137	＋1	98	＋8
1928（昭和三年）	139	＋2	103	＋5
1929	160	＋21	111	＋8
1930	164	＋4	120	＋9
1931	157	－7	133	＋13
1932	142	－15	140	＋7
1933	129	－13	151	＋11
1934	110	－19	166	＋15
1935	89	－21	172	＋6
1936	62	－27	186	＋14
1937	28	－34	197	＋11
1938	19	－9	199	＋2
1939	17	－2	204	＋5
1940			209	＋5
1941			217	＋8
1942			222	＋5
1943			226	＋4
1943				

（本表摘錄取許俊雅《台灣寫實詩作之抗日精神研究》〔註13〕）

〔註13〕許俊雅：《台灣寫實詩作之抗日精神研究》，（臺北國立編譯館，民國八十六年四月初版），頁31。

　　表 2-2，為日據時間全台書房與詩社消長之關係。灰色的區域的部分，乃是基隆地區詩社成立的主要時間〔註 14〕，從昭和元年成立的網珊吟社、復旦吟社、月曜吟社，一直到昭和十六年的大武崙詩學會，這十六年間，皆是基隆詩社成立最密集頻繁的時期。表 2-1 為昭和三年時，基隆書房的一覽表。昭和三年時，基隆地區至少有二十四個書房，但是到了昭和十二年時，基隆地區僅存三所書房。表 2-2，可觀察到基隆地區書房與詩社的消長情形，大致符合當時全台書房與詩社消長之關係。

　　另外，可發現基隆地區書房與詩社一些值得注意的現象：

（一）書房與詩社的成立似乎有一定程度上的關連

　　昭和三年到昭和十二年，基隆地區的書房由二十四所驟減為三所；而昭和元年至昭和十六年間，基隆地區至少曾成立十所以上的詩社，書房與詩社的消長關係值得注意。另外，書房負責人曾加入詩社或是親自創立詩社教導學生作詩，如月曜吟社的李燦煌為保粹書房的教席，或是當時書房所屬地區有詩社成立及活動，均反映了基隆地區的書房與詩社發展，的確是有某一程度上的關係。

（二）均為基隆地區傳遞漢文化的主要場所

　　書房主要以啟蒙教育為主旨，詩社則是以文會友的社團，亦以漢文教育為訴求。雖然兩者運作的組織與意義不同，但兩這都使得台人能藉此保存文化。雖無法確證基隆地區的詩社是否取代書房，但可知基隆地區書房的創立與當時基隆詩壇發展確有相當程度的關連。基隆地區書房與詩社成為日據時期傳遞漢文化的重要場所，肩負著基隆一地文教發展的重責大任。

〔註 14〕灰色區域並不包含大正十年所成立基隆最早的詩社「小鳴吟社」。

第三章　清代基隆地區古典詩歌

第一節　清代基隆詩於臺灣方志中的輯錄情形

　　清代基隆地區的行政區域的劃分多有變遷，先屬諸羅縣，後屬淡水廳。由於清代基隆地區整體發展較晚，相關的詩作多見於臺灣方志中。臺灣方志主要是以清代時臺灣各級行政區（府、縣、廳等）所編纂的志書，內容包含山川形勝、建制沿革、政經設施、文教武功、風土人情等等，筆者試著將基隆地區所屬各級行政區域的臺灣方志，列出一簡表，附於本章之後，以考察基隆詩於臺灣方志的輯錄情形。

　　其中臺灣方志部分，主要參考資料有《臺灣府志》、《重修臺灣府志》、《重修福建臺灣府志》、《重修臺灣府志》、《續修臺灣府志》、《臺灣縣志》、《重修臺灣縣志》、《續修臺灣縣志》、《諸羅縣志》、《淡水廳志》。而臺灣方志中所收錄清代基隆詩，以臺灣八景詩中之〈雞籠積雪〉為主要詩歌作品。觀察方志中輯錄八景詩的情形，可以看到從高拱乾《臺灣府志》中臺灣八景〈雞籠積雪〉一直到《淡水廳志》雞籠八景的發展脈絡。也可以看到方志中所收錄的詩作多有沿襲，在不同時期的方志藝文篇中皆重複收錄。

　　清代基隆詩歌作品大多是因為修地方志的輯錄而得以保存，地方志所載錄的作品，全為宦臺官員所作，無基隆籍詩人之作品，推其原因主要與基隆文教建置較晚有相當的關係。清廷在康熙二十三年設立一府三縣後，雞籠地區已隸屬於諸羅縣，但當時雞籠地區大多是未開拓的蠻荒之地。到了嘉慶以後，隨著噶瑪蘭平原的開墾，雞籠交通地位日顯重要，自此開發才進入繁盛

時期。至於文教方面，一直要到光緒十九年轄內才設立唯一的書院「崇基書院」。但甲午戰爭後，清廷割臺，崇基書院也停止運作。

另外，檢閱《基隆市志 人物志 列傳篇》中的「宦績」，清代無任何基隆籍士人，全為宦臺之文士；「文藝」部分，所載人士除了崇基書院創始人江呈輝外，多為日據時代書房之創始人或詩友，而無載任何清代之基隆詩人、詩歌著作存目或線索。

陳其寅〈基隆詩壇今昔〉云：「台灣有史以來之發端趨勢，由南而北，故基隆文化發展較遲。〔註1〕」說明了清代基隆地區開發較晚，文化發展較遲的情形。故清代基隆未有本地人士之作，多為游宦詩人之作。清代基隆詩被收於地方志作品並不多。筆者並試著從光復後所修的《基隆市志》〔註2〕尋找清代基隆地區詩歌作品，關於《基隆市志》所輯錄的詩歌，主要皆收錄在「藝文篇」中，但是「藝文篇」並沒有清楚劃分出所輯錄作品的時代，所載錄的作品也不多。而基隆市各區區志部分，也非著重於地方文學史料的保存，因此全無「藝文篇」或是清代基隆地區相關詩歌作品的輯錄。

綜觀清代基隆詩的發展，以臺灣方志中，文人雅士所歌詠的臺灣八景詩〈雞籠積雪〉，為清代基隆詩的主要作品。亦有描述土番風俗、特殊習俗被輯錄於地方志中，但描述土番風俗部分，大多都只是片面側寫基隆一地蠻荒未開之景。而非著墨於基隆一地之風物之詩。

第二節　清代基隆地區古典詩的內容表現

清廷在康熙二十二年將台灣納入版圖，康熙二十三年設立一府三縣，即台灣府及台灣、鳳山、諸羅三縣，當時雞籠地區隸屬於諸羅縣，只有平埔族及少數漢人分居各地。在康熙晚期，漢人開始移墾台北盆地。真正有規模的入墾雞籠，是在雍正元年左右，當時漳州人移居至雞籠，雞籠從此以後就漸漸發展。嘉慶年間，雞籠的開發進入繁盛時期，此時台北盆地大致都已開發，隨著噶瑪蘭平原的開墾，從雞籠經三貂嶺進入噶瑪蘭的道路打通，交通地位日顯重要。至於文教方面，光緒十九年基隆設立唯一的書院「崇基書院」。

〔註 1〕陳其寅：《懷德樓文稿》卷八，（基隆市文化基金會出版，民國八十一年七月），頁 351。

〔註 2〕基隆地區的詩歌主要輯錄在光復後所修的：民國四十七年九月的《基隆市志 文物篇》及民國九十二年四月的《基隆市志 藝文志 文學篇》。

清代基隆地區，由於開發較晚，文化發展較遲，故未有本地人士之作，多為游宦詩人之作，其中臺灣八景詩〈雞籠積雪〉為地方志所輯錄的作品，而有關基隆詩作不多，所以關乎基隆地區風物之詩，或以基隆人、事、物為題材的詩作，皆盡力擷取之，采詩除了前一節所列臺灣方志部分，另外參考《重修臺灣省通志》、《台灣詩鈔》、《台灣詩錄》、《台灣詩乘》、《台灣詩薈》、《淡水廳志》、《基隆市志》、《雨港古今詩選》、《基隆市文學類資源調查成果報告書》。

清代基隆地區由於開發較晚，文教尚未普及，多是游宦羈旅之作，主要多敘事，描述土番風俗或特殊習俗的詩作或以陳述基隆特殊戰略位置、戰爭、基隆特殊的產業礦業，如：許鑾〈雞籠山〉、丘逢甲〈雞籠金〉、詠特殊氣候〈台灣八景　雞籠積雪〉。偶有詠懷詩作，詩人也多以寫景，側寫羈旅生涯之顛沛流離。

自古以來，為政者每採詩以觀政教風俗得失，至清代後，游宦人士習於書寫當地風俗，因此清代基隆詩多風俗呈現之作；另外，官吏宦游至地處邊陲的臺灣，面對兇險的環境，除了寫山川險阻、瘴毒批狷，思鄉之情，對己身的安危存疑，恐懼的心情，都雜滲入詩作中，也為此一時期詩作的特色之一。而清代門戶洞開，列強環伺，基隆又處於鎖鑰之地，因此屢遭侵略，尤中法戰爭一役，法軍更以供給煤炭為由，攻擊基隆，有志之士憂憤慨嘆，更留下了為數不少關於戰爭及時事的詩作。

一、時事議題於詩作中的呈現——戰略位置、礦業、戰爭

基隆位於臺灣東北角，為一天然良港。位於臺灣頭的基隆，除了為一天然港阜外，且擁有豐富的礦產，成為列強爭相奪取的對象，西班牙、荷蘭、法國相繼入侵，《諸羅縣志》提及：「雞籠為全臺北門之鎖鑰、淡水為雞籠以南之咽喉。〔註3〕」因此所謂時事議題，關於描述基隆的形勢、戰略位置、戰爭、礦業都成為清代基隆詩的重要特色之一。

（一）戰略位置

藍鼎元〔註4〕在〈台灣近詠十首呈巡使黃玉圃先生〉中曾經提到：

〔註3〕周鐘瑄、陳夢林：《諸羅縣志》卷七〈兵防志　總論〉，（臺北成文出版社，民國七十二年），頁110。

〔註4〕藍鼎元，字玉霖，號鹿洲。福建漳浦人，少孤力學，博覽群籍，逾冠，補諸生。康熙六十年佐族兄藍廷珍平定台灣朱一貴之亂。著有《藍鹿洲集》，內分〈平台紀略〉、〈東征集〉等。

諸羅千里縣，內地一省同。萬山倚天險，諸港大海通。廣海渾無際，
民番各喁喁。上呼下即應，往返彌月終。不為分縣理，其患終無窮。
南劃虎尾溪，北踞大雞籠。設令居半線，更添遊守戍，健卒足一千，
分汛扼要衝。台北不空虛，全郡勢自雄。晏海此上策，猶豫誤乃公。

〔註5〕

康熙二十三年，清廷設一府三縣，當時基隆仍隸屬於諸羅縣。由於諸羅縣幅
員過於遼闊，詩中「南劃虎尾溪，北踞大雞籠。」是指諸羅縣南至虎尾北至
雞籠，藍鼎元認為，應重新劃定區域，分區治理。這是清代早期提到關於基
隆時事議題的詩作。

張景祁〔註6〕〈臺灣雜感〉也提到了基隆的戰略位置：

基隆形勢遜安平，使節偏屯北府兵。籌海十年成鑄錯，東溟從此失金城。
井邑初開盡廢田，獅球通道集人煙；而今還作青蕪國，屈指滄桑幾變遷？

〔註7〕

詩中「基隆形勢遜安平」分析了基隆地理位置之易受侵略，而「井邑初開盡
廢田，獅球通道集人煙」則說明，光緒年間劉銘傳來台擔任巡撫後，建築基
隆至台北間的鐵路，而位於基隆的獅球嶺隧道，則為艱難的一段，後鐵路開
通市井更為繁榮，後因鐵路改道，獅球嶺便漸遭荒廢。

另外，吳立軒〔註8〕〈台北雞籠頭上奇峰屴嵼，怪石嶙峋，今將獅毬〔註9〕
嶺開地道以通火輪車〉：

屴嵼雞籠道，輪車瞬息通；不須風力趕，端藉火威攻。

險越高山上，塗穿大地中，可憐天塹失，何恃保瀛東。〔註10〕

詩中描寫基隆一地火車開通之情形。光緒年間劉銘傳來台後，建築基隆至台
北間的鐵路，遂開獅毬嶺隧道。雞籠一地雖奇峰屴嵼，仍築隧道以通火輪車。
詩人則認為火車的開通，使得基隆失去天然的屏障。

〔註5〕陳培桂：《淡水廳志》卷四・志三 賦役志，（南投臺灣省文獻委員會出版，民
國六十六年二月），頁414。
〔註6〕張景祁，字蘊梅（韻梅），號蘩甫。浙江錢塘人。同治十三年（西元一八七四
年）進士。光緒初，以淡水知縣渡臺。臺灣淪日後西渡去。著有《蘩圃集》、《孽
雅堂詩集》。
〔註7〕陳漢光：《台灣詩錄》，（臺灣省文獻委員會，民國六十年），頁131。
〔註8〕吳立軒，名德功，字汝能，彰化人，前清歲貢生，台灣名士也。
〔註9〕獅毬嶺亦作獅球嶺。
〔註10〕臺灣省文獻委員會：《重修臺灣省通志卷十藝文志文學篇》，（南投臺灣省文獻
委員會，民國八十六年十二月），頁90。

（二）礦業與戰爭

　　清雍正年間後，基隆發展極為迅速。除地理條件外，主要與其礦產有密切關係。基隆河流域不但產沙金，且蘊藏豐富的煤礦。十七世紀以來，列強早已覬覦多時。關於基隆產煤，《諸羅縣志》中記載，煤礦出於基隆八尺門，相傳荷蘭人駐基隆時，就已用基隆煤來煉鐵：

　　　　煤炭：灰黑，氣味如硝礦，可以代薪，焰甚烈：北方多用之，出雞
　　　　籠八尺門諸山；傳荷蘭駐雞籠時，煉鐵器皆用此。〔註11〕

《諸羅縣志》則提及：

　　　　北路之產，有臺、鳳所無者，如水沙連之茶，竹塹、岸裏之笙竹，
　　　　淡水之甲魚，皆其美者也，大松樹生水沙連，合抱成林。雞籠煤炭
　　　　產於積薪無用之區，移置郡治，即為無窮之利。〔註12〕

如能將雞籠煤炭作一適當處理，即能達到無窮之利之效。而《淡水廳志》提及基隆產煤一事：

　　　　煤炭（出雞籠頭及拳山堡等處）。〔註13〕

鴉片戰爭之後，中國開放通商，外國船隻東來者多泊基隆，基隆位於東南亞航運的中繼地位，加上盛產汽船所需的煤炭，更加引起國際間的重視。基隆因港口之利，加上礦產豐富，重要性日增。

　　根據當時清廷的檔案中《法軍侵臺檔案　洋情叵策顯形籌慮宜先摺》也提到當時基隆煤產及其重要性，說明了法國船艦泊基隆，將攫取基隆煤礦之傳聞：

　　　　該國現又有船泊臺灣基隆，前有攫取基隆煤礦之謠。該礦產煤頗旺，
　　　　煤質尚佳，足供機局、輪船之用，開采業有成效。……基隆一為所襲，
　　　　煤利彼更擴充；洋船有恃無恐，自在游行，更不可制。況基隆煤礦地
　　　　屬臺北，波浪尚平；由臺北以窺臺南，可免澎湖諸險。是基隆之關係，
　　　　即全臺之關係；得失之數，所當豫籌。此基隆之宜顧也。〔註14〕

〔註11〕周鐘瑄、陳夢林：《諸羅縣志》卷七〈兵防志　總論〉，（臺北成文出版社，民
　　　　國七十二年），頁190。

〔註12〕周鐘瑄、陳夢林：《諸羅縣志》卷七〈兵防志　總論〉，（臺北成文出版社，民
　　　　國七十二年），頁287。

〔註13〕陳培桂：《淡水廳志》卷四・志三　賦役志，（南投臺灣省文獻委員會出版，民
　　　　國六十六年二月），頁325。

〔註14〕見臺灣銀行經濟研究室編：《臺北臺灣銀行經濟研究室，臺灣文獻叢刊第192
　　　　種，民國五十三年三月》的法軍侵臺檔　光緒十年　一八八四年（上）洋情叵
　　　　策顯形籌慮宜先摺「中法越南交涉檔」八九七（1801頁）。

基隆產煤礦之豐及扼要之地理位置，造成中法戰爭之遠因。光緒十年（一八八四），法軍艦突入基隆港，以要求供給煤炭為由，清廷不應，將砲擊基隆港，中法戰爭正式爆發。基隆特殊產業「礦業」，為基隆地區的特色之一，而清代的基隆詩，便有詠基隆礦產之詩作出現。

王凱泰〔註15〕的〈臺灣雜詠續詠〉：

新事傳來郡北方，雞籠澳內現晶光；旁人莫說金銀氣，依舊長虹海底藏。

〔註16〕

其中「雞籠澳內現晶光，旁人莫說金銀氣」便說明了「雞籠」、「澳內」的蘊含金礦之豐富。另外，丘逢甲〔註17〕的〈雞籠金〉：

籠雞山畔陳雲陰，辛苦披沙一水深；寶藏尚存三易主，人間真有不祥金。

〔註18〕

則說明了雞籠產沙金之事，詩中以「寶藏尚存三易主，人間真有不祥金」陳述了雞籠因為礦產的關係，屢遭列強侵略。而許鑾〔註19〕的〈基隆山〉一詩，更是將基隆產煤與中法戰爭的史實作了一敘述：

基隆產煤異，礦比金銀銅。利在趨若鶩，物盛招兵戎。沿海易窺伺，
不與四塞同。鐵輪浪馳白，火齊砲飛紅。魑魅並魍魎，驅率如羆熊。
守將奮武衛，半日阻相供。海氛勢既張，守禦力亦窮。雷聲走列缺，
煙焰彌蒼穹。束胸既告敗，長鬣遂為功。猱猿集其上，貔豹穴其中。
我軍顧相失，一旅不能通。盜糧齎寇仇，軍用彼遂充。掘取盡地力，

〔註15〕王凱泰，號補帆，江蘇寶應人，清道光三十年進士，光緒元年五月為福建巡撫來臺，開山撫番，革除煙毒。十月薨於任內，諡文勤，有台灣雜詠三十二首，後又有續詠十二首。

〔註16〕臺灣銀行經濟研究室編：《臺灣雜詠合刻》，（臺北臺灣銀行經濟研究室，臺灣文獻叢刊第28種，民國四十七年十月），頁921。

〔註17〕丘逢甲，字仙根，號螫仙，又稱倉海先生，臺灣苗栗銅鑼灣人。七歲能詩，目為神童，十四歲時進學秀才為全臺第一名；時福建巡撫兼提督丁日昌讚為「東寧才子」。唐景崧來臺，建牡丹詩社，獎掖風雅，逢甲亦被羅致。唐稱之為「丘才子」，逢甲於光緒十五年（一八八九年）成進士，授工部主事，但鑒於清政不綱，無意為官，乃返臺教書，曾任臺南府義學崇文書院山長。至乙未割臺事起，力謀挽救，並襄贊「臺灣民主國」，任團練事，事敗西渡，居祖籍廣東鎮平。至民國元年（一九一二）逝世，年僅四十九，著有《嶺雲海日樓詩鈔》。

〔註18〕丘逢甲：《嶺雲海日樓詩鈔》，（臺北臺灣銀行經濟研究室，臺灣文獻叢刊第70種，民國四十九年八月初版），頁353。

〔註19〕許鑾，清光緒年間人，著有《叢桂山房新樂府》。

　　樵鑿施鬼工。杞人抱深恨，浩氣噓長虹。平生經國志，耿耿存孤忠。

　　湖港連巨艦，厓島挽強弓。攜來龍驤軍，一為定長風。〔註20〕

「基隆產煤異，礦比金銀銅。利在趨若鶩，物盛招兵戎。」寫基隆一地產煤，物盛因此招來兵戎之禍。光緒十年的中法戰爭爆發後，劉銘傳任臺灣巡撫，與法軍孤拔（Courbet）將軍對抗，其中防守不易，即使守將奮力也力窮。「海虜勢既張，守禦力亦窮。雷聲走列缺，煙焰彌蒼芎。」的詩句充分表現出守軍的艱辛及砲火的猛烈。「我軍相顧失，一旅不能通」表達了戰爭的艱困。

　　魯陽生〔註21〕〈戰基隆〉一詩：

　　　基隆一粟耳，浮在海之角，貔貅二十萬，大帥開帷幄，

　　　暮夜曳兵行，鐵城突确犖，可憐小吏愚，哭民雙目瞀。〔註22〕

〈戰基隆〉一詩則敘述了劉銘傳奉命督辦基隆，在戰略上決定「棄基保滬尾」即移重兵到淡水佈防。當棄基隆時，曹志中力止，通判梁純夫伏地哭留的情形。光緒十年十月一日，中法雙方血戰數日，死傷合計超過四百二十人（清軍佔大多數約四百人）。光緒十年十月四日，基隆市區終告淪陷，清軍退到月眉山與獅球嶺一帶據山險防守，此時霧峰林家團練林朝棟，率領義勇軍助陣，幫清軍暫時擊退法軍。而中法戰爭直到光緒十一年（一八八五）才正式宣告結束。

　　李望洋〔註23〕，宦遊甘肅時，從官報獲知法軍侵犯閩台，亦憂憤作〈七月五日閱邸抄，知閩馬尾、基隆有警〉一詩：

　　　海外音書斷幾年，南天又報起烽煙；彼蒼偏抑英雄志，吾道難期遇合緣。

　　　北斗七星光漸動，東瀛一島勢孤懸；自來中外皆遵約，何意西人啟釁先。

　　〔註24〕

〔註20〕陳漢光：《台灣詩錄》，（臺灣省文獻委員會，民國六十年），頁131。

〔註21〕劉銘傳奉命督辦基隆，當棄基隆時，曹志中力止，通判梁純夫伏地哭留，皆不允。而魯陽生留下詩作〈戰基隆〉。

〔註22〕連橫：《臺灣詩乘》，（南投臺灣省文獻委員會，民國八十一年），頁203。

〔註23〕李望洋，字靜齋，邑人。以田產被水沖沙壓，家遂中落。望洋幼年失學，年十六始從宿儒朱品三受業，刻苦攻讀，弱冠即設館訓蒙，舌耕養親。閱數年，入邑庠，益自力學。清咸豐九年己未，獲領鄉薦。旋以父母喪家居，因倡修仰山書院，創建五子祠、孔聖廟，不遺餘力。同治十年，入都會試，考取大挑一等，分發甘肅試用知縣，歷任渭源、安化、河州、狄道等州縣，曾請免徵協餉，借給籽糧，減折丁錢，更正倉用斛斗，除弊便民，頗有政聲。光緒十一年乙酉，請准開缺回籍辦理團練。十年遊宦，歸裝蕭澀，廉潔可風，著有《西行吟草》。

〔註24〕陳昭瑛：《台灣詩選注》，（臺北正中書局出版，民國八十五年），頁132。

李望洋為台人，遠在甘肅，依舊關心台灣的安危，從官報知道「南天又報起烽煙」，法人侵閩台，以「北斗七星光漸動」暗示天下有亂，「東瀛一島勢孤懸」則說明台灣的孤立，而末聯「自來中外皆遵約，何意西人啟釁先。」則表達了對法國侵台的譴責。

而較早期林占梅〔註25〕〈洋盜竊據雞籠汛聞警感賦〉一詩也寫道基隆一地與外國戰爭之事：

惡浪翻空毒霧浮，孽蛟營窟蜃噓樓。連天烽燧驚風鶴，入夜欃槍犯斗牛。

義旅同心齊結壘，奇兵扼吭剚焚舟。何時橫海來飛將，極目滄溟起暮愁。

〔註26〕

林占梅另有賦〈雞籠事平撤防喜賦〉一詩：

蛟害欣聞仗劍除，喜看寰海鏡清如。孤軍扼險當關虎，小醜跳梁詠釜魚。

兵氣全銷吟望愜，鐃歌高唱凱歌徐，旌旗煥彩鞭絲軟，整策花驄返草廬。

〔註27〕

全詩表達戰爭中國勝利之歡欣。洪繻〔註28〕〈漫遊雞籠雜詠〉則寫道雞籠發展的變遷：

三十年前一培塿，幻來闤闠蜃光浮。驚心此地繁華速，不是洋樓即酒樓。

海上樓船去不來，鏟平故壘長蒿萊。山川戰血無人問，猶有前朝舊礮台。

三沙灣去二沙隈，舟到沙場說鼓鼙。方塚一堆碑一柱，纍纍戰骨佛郎西。

此地登峰又望洋，曠然雲海入詩腸。不圖挾到遊山興，竟向青山弔戰場。

〔註25〕林占梅，字雪村，號鶴山，淡水竹塹人。生性豪邁，與天下名士遊，濟困解紛，往往傾囊而出，稍無吝色。道光二十三年（一八四三）捐巨款防堵八里坌口，遂以知府即選。次年嘉義、彰化一帶漳泉械鬥，占梅募集鄉勇扼守大甲溪，其勢乃止。咸豐三年（一八四五）林恭事起；次年，黃位據雞籠，占梅督辦團練，平亂有功。同治元年（一八六二）彰化戴萬生起事，賴占梅籌畫，境內底定。道光二十九年（一八九四）築潛園西門內，文酒之會冠北台。著《潛園琴餘草》。作品各體俱備，五、七古最為擅長。

〔註26〕林占梅：《潛園琴餘草》簡編，（臺北臺灣銀行經濟研究室，臺灣文獻叢刊第202種，民國五十三年十一月），頁63。

〔註27〕林占梅：《潛園琴餘草》，（臺灣文獻叢刊第八輯），頁65。

〔註28〕洪繻，初名攀枝，又名一枝、棄生，字月樵；台灣淪陷後改名繻。彰化鹿港人。生於同治十一年（一八七二），清光緒十七年（一八九一）入泮。割台後，絕意仕途，潛心於詩文古辭，昭和四年（一九二九）以遺民終。著有《謔蹻集》、《寄鶴古文集》、《寄鶴駢文集》、《寄鶴齋詩話》、《八洲遊記》、《八洲詩草》、《台灣戰記》、《中東戰記》等。

漸漸入山漸漸深，穿崖剔蘚復搜林。由來此地誇生活，半為營煤半採金。
溺來猶笑是何人，如此生涯等鬻身。入水挐魚還出水，海中相見琉球民。
一穴山中縹緲虛，石泉滴滴海風徐。洞庭果有神仙洞，願與靈咸出禹書，
煙波指點與兒看，一濯雞峰蠡海間。雁宕謝家偏不到，未探屐齒月眉山。
風來海上利如刀，西北山鈴萬頃濤。憶昔清時繁盛日，三吳兩粵八閩艘。

〔註29〕

原來荒野未開的雞籠「三十年前一培塿，幻來闤闠蜃光浮。」而今「驚心此地繁華速，不是洋樓即酒樓。」而中法戰爭的遺址猶在「山川戰血無人問，猶有前朝舊礮台。」，沙灣砲臺（即今日基隆海門天險），遺留戰骨及方塚「三沙灣去二沙隄，舟到沙場說鼓鼙。」「方塚一堆碑一柱，纍纍戰骨佛郎西。」寫出了基隆中法戰爭之遺址。

　　基隆的礦業，帶來了列強的覬覦與侵略。清代在基隆傳統詩上的呈現，便有描寫基隆礦業（沙金、煤炭）及基隆因礦而遭致侵略的詩作。值得注意的是，民國以後，礦業造就了基隆礦業鉅子顏雲年，顏雲年雅好文學，時與文人酬唱，曾於民國三年十月五日，在其豪宅環鏡樓落成時，舉辦全台詩人大會，開台灣詩社之盛大韻事。顏雲年〈有感〉：「歷盡艱辛世路嶇，廿年廢學未忘儒。登壇擊缽詩三社，入洞催工鑛百區。雷雨經綸非所望，林泉嘯傲自堪娛。連騎結駟稱端木，貨殖由來計不迂。」〔註30〕詩中就表達了自身對作詩的喜好與經營礦業情形。另外，經營礦業致富的李建興，曾主瀛社社務數十年，其二人對基隆詩壇影響甚大。有清一代，便有相關礦業描述之詩作表現，民國以後，礦業與基隆詩歌發展的可說更為密切。

二、基隆八景詩之傳承與遞嬗

　　清代基隆地區傳統詩的內容，描寫臺灣八景的〈雞籠積雪〉，佔了很大一部份。筆者試著將基隆八景詩的發展，整理出一表，附於本章後。關於八景詩的起源，根據廖師一瑾在《臺灣詩史》中所提到：「康熙三十四年陝西高拱乾，來任臺廈道，延聘文人，創修府志，又築澄臺，日事吟詠，以遣羈愁。

〔註29〕陳兆康、王前：《雨港古今詩選》，（基隆市立文化中心出版，民國八十七年八月），頁258。
〔註30〕陳兆康、王前：《雨港古今詩選》，（基隆市立文化中心出版，民國八十七年八月），頁29。

於署後修一小亭，名曰：「斐亭」。有〈東寧十詠〉；〈安平晚渡〉、〈沙鯤漁火〉、〈鹿耳春潮〉、〈雞籠積雪〉、〈東溟曉日〉、〈西嶼落霞〉、〈澄臺觀海〉、〈斐亭聽濤〉等臺灣八景詩，其後文人效此八景作詩多矣。所謂之八景，正是以中國傳統文人之生活與眼光來品賞島國風光之情趣也。〔註31〕」

而所謂八景詩「乃一地精華，由文人安排，選擇八處最具有特色的風景名勝，為她冠上典雅而詩情畫意的名字。引發騷人墨客，過往行旅，當地人家，顧名思義，望風懷想，平添幾分風雅情致，詩人於登臨時，輒有詩作描述，山水為之增輝。〔註32〕」

（一）基隆八景之傳承與遞嬗

1、全島型八景《臺灣府志》的〈雞籠積雪〉

從最早高拱乾《臺灣府志》的〈雞籠積雪〉到民國以後「基隆八景」，為一系列的傳承。高拱乾《臺灣府志》中除〈東寧十詠〉的台灣八景為：〈安平晚渡〉、〈沙鯤漁火〉、〈鹿耳春潮〉、〈雞籠積雪〉、〈東溟曉日〉、〈西嶼落霞〉、〈澄臺觀海〉、〈斐亭聽濤〉。而高拱乾〔註33〕可說是創作臺灣八景詩的始祖。茲錄於下，高拱乾〈雞籠積雪〉：

> 北去兩千里，寒峰天外橫，長年紺雪在，半夜碧雞鳴；
> 翠共娥眉積，炎消瘴海清，丹爐和石煉，漫擬玉梯行。〔註34〕

2、縣、廳型八景 《諸羅縣志》諸羅縣六景〈雞籠積雪〉與《淡水廳志》全淡八景〈雞嶼晴雪〉

康熙五十六年周鍾瑄、陳夢林《諸羅縣志》中記載諸羅縣六景為：〈玉山雲淨〉、〈北香秋荷〉、〈檨圃風清〉、〈水沙浮嶼〉、〈雞籠積雪〉、〈龍目甘泉〉。同治十年陳培桂、楊浚《淡水廳志》全淡八景為：〈指峰凌霄〉、〈香山觀海〉、〈雞嶼晴雪〉、〈鳳崎晚霞〉、〈滬口飛輪〉、〈隙溪吐墨〉、〈劍潭幻

〔註31〕廖師一瑾：《臺灣詩史》，（臺北文史哲出版社，民國八十八年三月初版），頁7。

〔註32〕廖師一瑾：〈清代與日據時期高雄古典詩壇的特色〉，（高雄歷史與文化第一輯，民國八十三年），頁203。

〔註33〕高拱乾，號九臨，陝西榆林人，康熙三十一年（一六九二）任分巡臺廈兵備道兼理學政來臺，後陞任浙江按察使。曾基於季麒光之《郡內志》稿，輯《臺灣府志》十卷，成為本省修志書之始。著有〈澄臺記〉、〈臺灣賦〉及詩數十首。

〔註34〕臺灣省文獻委員會：《重修臺灣省通志卷十藝文志文學篇》，（南投臺灣省文獻委員會，民國八十六年十二月），頁72、73。

影〉、〈關渡劃流〉；其中與基隆有關的一景為「雞嶼晴雪」，除此之外，同治十年楊浚《淡水廳志》開始出現了雞籠八景，分別選定雞籠八處名勝，名為：〈鱟嶼凝煙〉、〈杙峰聳翠〉、〈社寮曉日〉、〈海門澄清〉、〈奎山聚雨〉、〈獅嶺匝雲〉、〈魴頂觀瀑〉、〈仙洞聽潮〉。但此時的雞籠八景，並無收錄任何詩作。茲錄楊浚〔註35〕〈雞嶼晴雪〉於下：

　　三千銀界望嵯峨，如此炎方奈冷何；天為重關消瘴癘，我從殘碣一摩挲。

　　鑿坯安得山能語，漏網真愁水不波；曾說聞雞先見日，更無人借魯陽弋。

　　〔註36〕

到了日據期間許梓桑根據《淡水廳志》中所選定的雞籠八景〔註37〕：「雞山驟雨」、「獅嶺匝雲」、「魴頂瀑布」、「鱟魚凝煙」、「仙洞聽濤」、「社寮曉日」、「海門澄清」、「杙峰聳翠」分別題了詩。

3、基隆八景、八斗子八景與基隆新八景

根據《基隆誌》〔註38〕記載，日據時代時，基隆八景為：〈旭丘晴嵐〉、〈米甕晚靄〉、〈獅嶺迎雲〉、〈八斗夕照〉、〈靈泉晚鐘〉、〈堵橋秋月〉、〈暖暖春水〉、〈社寮銀瀾〉；《詩報》〔註39〕亦首次出現八斗子八景，分別為：「漁港歸帆」、「沙灘夕照」、「鳧浦採藻」、「石梯朝陽」、「長潭印月」、「鷺渚聽濤」、「嶺上尋芳」、「龜礁噴雪」。到了光復後，民眾日報根據基隆民眾的調查，崇選出基隆新八景，分別為〈中正慈光〉、〈慶安朝聖〉、〈竿林仙境〉、〈獅嶺匝雲〉、〈千敷疊翠〉、〈靈泉晚鐘〉、〈大覺梵音〉、〈仙洞探幽〉。〔註40〕

〔註35〕楊雪滄，名浚，閩侯官人，清咸豐二年舉人，同治七年淡水同知陳培桂聘來臺，纂修《淡水廳志》。並著有《冠悔堂詩文集，有全淡八景詩，錄雞嶼晴雪》一首。

〔註36〕臺灣省文獻委員會：《重修臺灣省通志卷十藝文志文學篇》，（南投臺灣省文獻委員會，民國八十六年十二月），頁71。

〔註37〕基隆市文獻委員會：《基隆市志　文物篇》，（基隆市文獻委員會，民國四十七年），頁19。

〔註38〕簡萬火：《基隆誌》，（臺灣成文出版社，臺灣方志叢書第213號，民國七十一年臺一版），頁18～22。

〔註39〕《詩報》亦出現了八斗子八景。

〔註40〕《臺灣府志》中的臺灣八景為：〈安平晚渡〉、〈沙鯤漁火〉、〈鹿耳春潮〉、〈雞籠積雪〉、〈東溟曉日〉、〈西嶼落霞〉、〈澄臺觀海〉、〈斐亭聽濤〉；康熙五十六年周鍾瑄、陳夢林《諸羅縣志》諸羅六景為：〈玉山雲淨〉、〈北香秋荷〉、〈檨圃風清〉、〈水沙浮嶼〉、〈雞籠積雪〉、〈龍目甘泉〉；同治十年陳培桂、楊浚《淡水廳志》全淡八景為：〈指峰凌霄〉、〈香山觀海〉、〈雞嶼晴雪〉、〈鳳崎晚霞〉、〈滬口飛輪〉、〈隙溪吐墨〉、〈劍潭幻影〉、〈關渡劃流〉；同治十年楊浚《淡水廳志》雞

4、八景詩著重自然風景書寫

從高拱乾〈雞籠積雪〉到雞籠八景詩，都是著重於自然風景的書寫。這種以描摹自然景觀為主的「八景詩」，成了清代基隆古典詩的重要特色。而這一系列的傳承遞嬗〔註 41〕，使得原為官宦階層的書寫，傳承到民間，成為雅俗共賞的樂事。這些詩作更成為臺灣風景描寫中極為重要的部分，不管保存文獻以補史料之不足，紀錄臺灣的山川面貌，都有不可抹滅的貢獻。

（二）八景詩〈雞籠積雪〉的內容表現

〈雞籠積雪〉的詩作，以描寫自然景觀為主。但詳觀可以發現此類詩作的內容表現又有些微之異。一是純以描摹景色敘述風物為主，書寫所見之景，文辭典雅，為山水添輝；二是詩人瀏覽山水風光，睹物懷鄉，便藉寫景抒懷，詩句中側寫羈旅生涯：

1、描摹景色　敘述風物為主

書寫所見之景，為寫景詩，〈雞籠積雪〉的創作，大多數屬於此類，即書寫自然山水之風光，以敘寫奇景與天候為主。游宦詩人來到臺灣後，或描摹景色、敘述風物，將地理環境或人文活動作一紀錄。而其中佳篇甚多，文辭典雅。茲錄於下：

張宏〔註 42〕

〈雞籠積雪〉：

雞籠巖壑各爭妍，雪積光搖庾嶺然。日映鱗鱗鋪玉屑，鴉飛點點拂雲箋。

參差石面千層白，高下林梢一抹煙。清興此時已不淺，何須秋夜月流天。

〔註 43〕

籠八景為：〈鱟嶼凝煙〉、〈杙峰聳翠〉、〈社寮曉日〉、〈海門澄清〉、〈奎山聚雨〉、〈毬嶺匝雲〉、〈魴頂觀瀑〉、〈仙洞聽潮〉；日據時代中基隆八景為〈旭丘晴嵐〉、〈米甕晚霞〉、〈獅嶺迎雲〉、〈八斗夕照〉、〈靈泉晚鐘〉、〈堵橋秋月〉、〈暖暖春水〉、〈社寮銀瀾〉；民國時代基隆新八景為〈中正慈光〉、〈慶安朝聖〉、〈竿林仙境〉、〈獅嶺匝雲〉、〈千數疊翠〉、〈靈泉晚鐘〉、〈大覺梵音〉、〈仙洞探幽〉。

〔註41〕基隆八景詩之傳承演變主要如下：府級八景《臺灣府志》→諸羅縣六景《諸羅縣志》→全淡八景《淡水廳志》→雞籠八景《淡水廳志》→基隆八景（日據時期）→基隆新八景（光復以後）。

〔註42〕張宏，號亦袁，江蘇上海人，清貢生，康熙四十七年任台灣知縣。

〔註43〕陳兆康、王前：《雨港古今詩選》，（基隆市立文化中心出版，民國八十七年八月），頁251。

張琮〔註 44〕

〈雞籠積雪〉

六月飛花花自妍,雞籠燃爐越嫣然。千尋巖壑鋪銀練,半幅琉璃簇玉箋。

宜與王猷供晚棹,漫勞蘇武嚙荒煙。風光聞說西山霽,此地風光別一天。

〔註 45〕

張若鑾〔註 46〕

〈雞籠積雪〉

翠靄渾無色,凌虛絳雪橫。空山寒霧集,茅屋凍雞鳴。

海窄銀花合,天高玉柱清。丹崖縹緲外,素影傍人行。〔註 47〕

王璋〔註 48〕

〈雞籠積雪〉

雪壓重關險,江天儼一新,乍疑冰世界,頓改玉精神;

瘠壤皆生色,空山不染塵。寒光如可惜,書幌歷多春。〔註 49〕

章甫〔註 50〕

〈雞籠積雪〉

積素江城望眼賒,天然瓊島水之涯。誰云海外三冬景,卻少雲中六出花。

遜白梅魂塵不染,斷青山色玉無瑕。朝霜夜月渾留影,一片寒光萬裡霞。

〔註 51〕

〔註 44〕張琮,號浣村,雲南河陽人,清貢生,康熙四十八年任台灣縣丞。
〔註 45〕陳兆康、王前:《雨港古今詩選》,(基隆市立文化中心出版,民國八十七年八月),頁 251。
〔註 46〕張若鑾,字樹堂,安徽桐城人,乾隆十年以漳州知府署臺灣海防同知。
〔註 47〕陳兆康、王前:《雨港古今詩選》,(基隆市立文化中心出版,民國八十七年八月),頁 251。
〔註 48〕王璋,字伯昂,臺灣縣人,明王忠孝之侄孫。康熙三十二年(一六九三)舉人,嘗分修「臺灣府志」,不久出任臺南宜良縣令,累官至監察御史,卒官。
〔註 49〕臺灣省文獻委員會:《重修臺灣省通志卷十藝文志文學篇》,(南投臺灣省文獻委員會,民國八十六年十二月),頁 97。
〔註 50〕章甫,字申友,台灣人。嘉慶四年歲貢,善文工詞。著有《半崧集》。
〔註 51〕陳兆康、王前:《雨港古今詩選》,(基隆市立文化中心出版,民國八十七年八月),頁 254。

王善宗〔註 52〕

〈雞籠積雪〉

雞籠一派海汪洋，寒氣相侵曠野涼。冬至絮飄深谷裡，玉龍戰退耐風寒。

〔註 53〕

婁廣〔註 54〕

〈雞籠積雪〉

山峻曰雞籠，連雲插海中。尖方偶積雪，傳播任匆匆。〔註 55〕

林慶旺〔註 56〕

〈雞籠積雪〉

冰壺九曲通，粉隊市郊同。雞聲聞社北，籠影照牆東。

藕絲垂池上，玉屑落天中。柳絮隨風起，清肌賞太空。〔註 57〕

覺羅四明〔註 58〕

〈雞籠積雪〉

遙峰瑞應金雞，幽徑平鋪玉液。周遭石砌重重，那得柴門臥客。〔註 59〕

褚祿〔註 60〕

〈雞籠積雪〉

移來瓊島是何年，積素凝華入望妍。瑞數碧雞開口會，城依元圃說桑田。

〔註 52〕 王善宗，山東諸城人，康熙十八年（一六七九）武進士。二十九年（一六九〇）
來臺灣任水師協左營守備。

〔註 53〕 陳兆康、王前：《雨港古今詩選》，（基隆市立文化中心出版，民國八十七年八
月），頁 249。

〔註 54〕 婁廣，京衛人，清康熙中武進士，康熙十四年任分巡台廈道標守備，廣東惠
州協中軍。

〔註 55〕 陳兆康、王前：《雨港古今詩選》，（基隆市立文化中心出版，民國八十七年八
月），頁 249。

〔註 56〕 林慶旺，福建晉江人，清康熙副榜貢生，康熙三十四年任台灣府學教授、知縣。

〔註 57〕 陳兆康、王前：《雨港古今詩選》，（基隆市立文化中心出版，民國八十七年八
月），頁 250。

〔註 58〕 覺羅四明，字朗亭，滿洲正藍旗人。乾隆二十六年（一七六一），任台灣道兼
提督學政。

〔註 59〕 陳培桂：《淡水廳志》卷四・志三　賦役志，（南投臺灣省文獻委員會出版，民
國六十六年二月），頁 422。

〔註 60〕 褚祿，字總百，江蘇青浦人，清雍正十一年（一七三三）舉人。乾隆十年（一
七四五）任台灣知府。

玉山岑崿光相映，銀海波濤勢欲連。不信炎方寒起栗，燕雲迢遞近中天。

〔註61〕

林邵裕 〔註62〕

〈雞籠積雪〉

遙峰瑞應金雞，幽徑平鋪玉液。周遭石砌重重，那得柴門臥客。〔註63〕

金文焯 〔註64〕

〈雞籠積雪〉

巋然北鎮瞰翳閣，地軸迴旋黍谷初。青女按時捐玉佩，藐姑終歲曳瓊琚。

色寒遠映玉山樹，漸化清流淡水渠。炎瘴邇來消洗盡，好乘和會奠民居。

〔註65〕

余延良 〔註66〕

〈雞籠積雪〉

圓銳孤懸蜃窟中，漫曼堆玉聳穹窿。誰知暖日炎荒地，也與匡廬景色同。

〔註67〕

2、藉景抒懷　側寫羈旅生涯

來台仕宦的文人，有的將臺灣視為官宦生涯的短暫跳板，在詩中難免展現出官宦生涯的視野，往往在書寫自然風景時，側寫自身羈旅生涯以抒懷。此類的詩，如莊年〔註68〕〈雞籠積雪〉：

〔註61〕陳兆康、王前：《雨港古今詩選》，（基隆市立文化中心出版，民國八十七年八月），頁252。

〔註62〕林邵裕，福建永福人，拔貢，清乾隆二十五年任鳳山縣訓導，旋署教諭。

〔註63〕陳兆康、王前：《雨港古今詩選》，（基隆市立文化中心出版，民國八十七年八月）。這裡所選的詩與覺羅四明重複，疑文獻有誤，可參附表三之三。

〔註64〕生平不詳。

〔註65〕陳培桂：《淡水廳志》卷四·志三　賦役志，（南投臺灣省文獻委員會出版，民國六十六年二月），頁423。

〔註66〕生平不詳。

〔註67〕陳培桂：《淡水廳志》卷四·志三　賦役志，（南投臺灣省文獻委員會出版，民國六十六年二月），頁423。

〔註68〕莊年，字裕亭，江蘇長州人。清雍正二年，以監生薦保福建清知縣。十一年，令長泰。乾隆六年，擢淡水同知。政尚嚴明，奸猾束手。八年，再擢建寧知府。九年，改台灣兵備道，兼按察使司副使。時給事中六十七，巡台御史范咸，倡議重修郡志，而以年主其事。遐搜舊典，周訪新知。舉凡廟謨之淵邃，

迴殊漠北子傾身，六出何來伴雁臣。排闥一峰疑砌玉，凝眸幾點怳堆銀。

炎方特為開生面，羈宦渾如遇故人。金碧山川都看盡，碁頭畫裡覺翻新。

〔註69〕

首先莊年提到「迴殊漠北子傾身，六出何來伴雁臣。」說明他己身的感覺，一個「子傾身」而流宕在外的「雁臣」看見了雪花，「排闥一峰疑砌玉，凝眸幾點怳堆銀。」山頂上彷彿砌玉，幾堆銀色，在莊年的心裡，不免感慨，「羈宦渾如遇故人。」也將來台仕宦的心情做了表述。

再看朱仕玠〔註70〕〈雞籠積雪〉：

試上高樓一畫欄，半空積素布層巒。誰知海島三秋雪，絕勝峨嵋六月寒。

自有清光遙棨戟，翻疑餘冷沁冰紈。北來羈客相思切，時向炎天矯首看。

〔註71〕

朱仕玠同樣藉由看雪景表達了自身對流宕在外仕宦的感觸，「試上高樓一畫欄，半空積素布層巒。誰知海島三秋雪，絕勝峨嵋六月寒。」原來海島的雪，也能與「峨嵋」諸峰相比擬，遊宦的朱仕玠因此睹物興懷，「北來羈客」也不免「相思切」，只得「時向炎天矯首看」。

又，齊體物〔註72〕〈雞籠積雪〉：

蠻島亦飛雪，玲玲徹玉壺。經年寒不已，見月影俱無。

積素疑瑤圃，高空似畫圖。惟於炎海外，方覺此山孤。〔註73〕

其中的「蠻島亦飛雪，玲玲徹玉壺。」也說明了多數的官宦仍將臺灣視為畏途的「蠻島」，在詩句中道出作者的心態，蠻島原來亦能飛雪。儘管「積素疑瑤圃」那積雪看來讓人聯想到仙人居住的地方，「似畫圖」的美景。但是，「惟於炎海外，方覺此山孤。」在炎海外，還是感受到「此山孤」，不得不羈旅來臺的作者，便藉景抒懷，表露出了己身孤獨寂寥之感。上述的〈雞籠

奏疏之剴切，文武義安之籌策，水陸防捍之隘衝；以及興文講武，通商輯番之周劃，無不摅撙參覈，規之詳而慮之遠。逾一載成，治史志者以善本推之。十二年冬，去。著有《澄台集》一卷。

〔註69〕基隆市政府：《基隆市志文教志藝文篇》，（基隆市立中化中心，民國九十年），頁71。

〔註70〕朱仕玠，字碧峰，福建建寧人，乾隆六年拔貢，二十八年官鳳山教諭，有《溪音集》。

〔註71〕陳培桂：《淡水廳志》卷四·志三 賦役志，（南投臺灣省文獻委員會出版，民國六十六年二月），頁423、424。

〔註72〕齊體物，正黃旗人。清康熙十五年進士，三十年任臺灣海防同知。

〔註73〕陳漢光：《台灣詩錄》，（臺灣省文獻委員會，民國六十年），頁127。

〈積雪〉可看出創作者是將自身的懷抱寄託在創作中，表達了對來臺官宦生涯的視野。

3、詩作中隱含仙境

創作者也有以仙境的思想寄託在〈雞籠積雪〉，類似遊仙詩的出現。這類的詩或作為一種隱喻的意象，以神仙優美的情境隱喻此界風景的殊異，詩作中提到類似思想的，有高拱乾「丹爐和石煉，漫擬玉梯行」、齊體物「積素如瑤圃」。茲錄於下：

齊體物

〈雞籠積雪〉

蠻島亦飛雪，玲玲徹玉壺。經年寒不已，見月影俱無。

積素疑瑤圃，高空似畫圖。惟於炎海外，方覺此山孤。

余文儀〔註74〕

〈雞籠積雪〉

十年作郡白盈頭，雪愛炎方為淹留；遙對玉山成二老，消根銀海作清流。

眾峰遠列看雌伏，鳴瀑齊聲報曉籌。應是碧雞曾羽化，樊籠猶得傍瀛洲。

〔註75〕

鄭大樞〔註76〕

〈雞籠積雪〉

巋然北鎮瞰鯫闉，地軸迴旋黍谷初。青女按時捐玉佩，藐姑終歲曳瓊琚。

色寒遠映玉山樹，漸化清流淡水渠。炎瘴邇來消洗盡，好乘和會奠民居。

〔註77〕

此類的詩將仙境作為抒情言志的對象，雞籠為巋然的北鎮，地寒而美之地，也是霜神跟藐姑常在之地，即使積雪，融後就成清流淡水，不但洗去了炎熱

〔註74〕余文儀，字寶岡。浙江諸暨人。乾隆二年（一七三七）進士。二十五年（一七六○）任臺灣知府。二十七年（一七六二）攝海防同知，二十九年（一七六四）陞任臺灣道。任內續修《臺灣府志》。

〔註75〕臺灣省文獻委員會：《重修臺灣省通志卷十藝文志文學篇》，（南投臺灣省文獻委員會，民國八十六年十二月），頁147。

〔註76〕鄭大樞，福建侯官貢生，乾隆初來台，有〈台灣風物吟〉十二首。

〔註77〕基隆市政府：《基隆市志文教志藝文篇》，（基隆市立化中心，民國九十年），頁71。

與瘴氣，更建立了民眾居住的地方。〈雞籠積雪〉以神仙入詩，可視作游宦為消除對臺灣一地所產生的恐懼感，也使得創作者觀賞臺灣山水時產生較為開闊的心情。無論以自身的懷抱寄託在創作中，或以仙境思想寄託其中，皆可視為另一種創作者因羈旅生涯藉景抒懷。

三、采風詩——竹枝詞

清代台灣詩出現許多采風作品，竹枝詞也是其中的一種。至於清代出現大量的采風作品，與清代方志的編寫有很大的關係。〔註 78〕而基隆地區的采風詩，直接以〈基隆竹枝詞〉命名的有：清代黃敬的〈基隆竹枝詞〉與日據時期的徐莘田的〈基隆竹枝詞〉。另外，描寫到基隆相關風土人情亦出現在〈臺灣竹枝詞〉及其他相關詩作裡。

在黃敬〔註 79〕的〈基隆竹枝詞〉則直接描繪出基隆的漁業與市場買賣的盛況。今錄於下：

> 萬頃波濤一葉舟，無牽無絆祇隨流。須臾滿載鱸魚返，販伙征沽鬧渡頭。

〔註 80〕

另外，清代有關基隆地區的竹枝詞亦有，謝金鑾的〈臺灣竹枝詞〉。丘逢甲的〈臺灣竹枝詞〉，而謝金鑾與丘逢甲的竹枝詞主要針對基隆的地理位置及氣候做出一概略性的描述。今錄於下：

謝金鑾〔註 81〕

〈臺灣竹枝詞〉【節錄】

> 寰中更自有仙洲，多恐蹉跎未肯求；欲向陽光尋福地，雞籠山轉海東頭。

〔註 82〕

〔註78〕翁聖峰：《清代台灣竹枝詞之研究》，（台北文津出版社，民國八十五年），頁42。

〔註79〕黃敬，字景寅，淡水關渡人。咸豐四年歲貢，性孝友，好讀書。

〔註80〕陳兆康、王前：《雨港古今詩選》，（基隆市立文化中心出版，民國八十七年），頁256。

〔註81〕謝金鑾，字巨廷，一字退谷，晚改名灝。福建係官人。乾隆五十三年（一七八八年）舉人，嘉慶九年（一八○四）任嘉義教諭。十二年（一八○七）與鄭兼才合纂《臺灣縣志》。著有《噶瑪蘭紀略》及《二勿齋集》等。

〔註82〕臺灣省文獻委員會：《重修臺灣省通志卷十藝文志文學篇》，（南投臺灣省文獻委員會，民國八十六年十二月），頁198。

丘逢甲〔註83〕

〈臺灣竹枝詞〉

菊滿東籬荷滿地，少寒多暖鷺洲詩；星軺不到雞籠島，寒徹羅衣總未知。

四、海陸交通轉運之詩　游宦詩人羈旅之感

康熙二十三年，臺灣設立一府三縣，但對大部分官宦來說，臺灣仍然是地處邊陲，某些官宦更把臺灣視為官宦生涯的跳板。「清廷在臺灣的治理以防事變為首要考慮，派到臺灣的官吏皆為文官，通常來自福建以外五百里，因此，閩南語俗諺說：『無福（福州人）不成衙』。派任文官，目的在防止叛亂，離家遠，官吏不願在臺灣居停太久，因而設定一任三年，不連任。」〔註84〕而清代由於基隆地區文教尚未普及，詩作大多為時事議題呈及采風詩。除了上述詩作外，游宦詩人將對渡台的水陸交通之不便及羈旅生涯之感書寫在詩作當中，成為清代基隆詩的特色之一。

清代台灣孤懸海外，官宦常視為畏途，尤其對乘船渡台的艱辛與疑懼，更在詩作中表露無遺。「對照清廷的管制政策，康雍乾來臺的旅人大都採廈門—澎湖—鹿耳門的路線航行。」〔註85〕來台仕宦的官吏也就必須經過海陸交通的轉運，由於交通不便，因此常在詩作中吐露關於旅途艱辛之感。

詩人一方面是寫其疑懼的心聲，寫荒林莽野、瘴毒癘氣的險惡，寫羈旅在外之慨，吐露了對己身安危存疑之感。另一方面，即使詩人步履艱難，面對險惡之境，卻展現出樂觀進取的態度，以積極的態度勉勵自己，更是值得肯定的。

（一）書寫跋山涉水之疑懼

遊宦人士，因職責所需，常須跋涉山川，才驚覺雞籠一地仍未開，常感山川景象令詩人怵目驚心，因此詩中常充滿跋涉艱辛之感。官宦生涯中有跋山涉水的體驗，詩人便常吐露出疑懼的心聲。楊廷理〔註86〕〈上三貂嶺〉：

〔註83〕基隆市政府：《基隆市志文教志藝文篇》，（基隆市立中化中心，民國九十年），頁72。

〔註84〕江寶釵：《臺灣古典詩面面觀》，（臺北巨流出版社，民國八十八年），頁23。

〔註85〕陳佳妏：《清代臺灣記遊文中的海洋》，（國立政治大學中文所碩士論文，民國九十年），頁40。

〔註86〕楊廷理，字清和，號雙梧，廣西柳州人，乾隆四十二年拔貢，曾任台灣南路海防兼理番同知，平林爽文亂有功，陞台灣道，嘉慶十七年任噶瑪蘭廳通判。

衡嶽開雲舊仰韓，我來何福度艱難（淡北瘴雨陰霾，終歲不開，惟六、
七月稍霽）？腳非實地何曾踏，境涉危機亦少安。

古徑無人猿嘯樹，層巔有路海觀瀾。敢辭勞瘁希恬養，忍使番黎白眼看。

〔註87〕

詩作中明白地寫出了翻山越嶺的險阻，步履蹣跚，山路只有猿啼相伴。處境
也非常的危險。另外，楊廷理在〈孟夏六日上三貂嶺頂口占〉中：

不矜權術老迂儒，天付精神續舊圖，勞勩敢云惟我獨？馳驅偏覺與
人殊。青山到眼春成夢，滄海當關靜似湖。可怪躋攀無腳力，重來
絕頂和如濡。三貂甫過又嶐嶆，嵐氣迷漫日乍紅。蟲力參天雲際樹，
橫空跨海雨餘虹。鋤奸計短頻搔首，補拙情殷屢撫衷。知遇萍逢能
幾日，憐才都付不言中。〔註88〕

描述攀登三貂嶺之路程的艱困，因而「可怪躋攀無腳力」，沿途所見到的仍只
有「蟲力參天雲際樹」的景象。這種不安的危機感，便成為此一時期書寫羈
旅生涯的特色之一。

而陳衍〔註89〕〈晚渡獅球嶺，放舟至水返腳，乘月肩輿抵稻江〉，同樣寫
出這種對臺灣一地安危難測的惶惶不安：

棲棲辭親愛，念念乍悽測；已乘浮海桴，入此瘴霧國。戒徒遂踰嶺，
徒蟲艱登陟；狄夷淪陷地，僅此限其閾。海壖瘴屬重，天意會殺賊！
放溜買輕舟，石瀨下轉側；地濁水氣腥，山惡月色黑。停舟水返腳，
沮洳不堪息；帶月遂宵微，去去將何即！命儔罕吾侶，投止乏素識；
重增惘惘懷，知有怏怏色，平生出門遊，逸興脫羈勒；一為稻梁計，
蹭蹬無綜翼。茲邦夙云陋，云胡就逼仄！三復遠遊言，一筆杌猶得。

〔註90〕

〔註87〕基隆市政府：《基隆市志文教志藝文篇》，（基隆市立中化中心，民國九十年），
頁71。

〔註88〕基隆市政府：《基隆市志文教志藝文篇》，（基隆市立中化中心，民國九十年），
頁70。

〔註89〕陳衍，字叔伊，號石遺。福建侯官人。舉人。光緒十二年（一八八六）應臺
灣巡撫劉銘傳之招，東渡參戎幕。工詩，著《石遺詩集》行世。有游臺詩一
卷。多為贈答。為詩不囿於一代一家。成為吳江詩派之主流。

〔註90〕臺灣省文獻委員會：《重修臺灣省通志卷十藝文志文學篇》，（南投臺灣省文獻
委員會，民國八十六年十二月），頁350。

陳衍藉山川景物的書寫抒發對己身安危存疑之感。「已乘浮海桴，入此瘴霧國。」便把詩人流宕在外，以入臺灣此蠻荒之地之感寫出。「戒徒遂踰嶺，徒轝艱登陟；狡夷淪陷地，僅此限其閾。」而此地「海壖瘴厲重」多瘴癘之氣，不但如此「地濁水氣腥，山惡月色黑。」在詩人眼裡這片土地不但「濁」、「腥」，連山、月都顯得「惡」、「黑」，令詩人有著「沮洳不堪息」之感觸。

（二）樂觀積極的開拓精神

面對尚未開發的山林莽野，詩人除了書寫疑懼之感，亦有在艱難的步履中，展現出更樂觀積極的一面出來。董正官〔註91〕的〈由雞籠口上上三貂嶺，過雙溪到遠望坑界入噶瑪蘭境〉即具有此積極的精神：

> 閩嶠東南盡海灣，重洋突湧大孱顏。基隆口距全台北，信否來龍自鼓山？
> 不畏番林蓊鬵迷，不嫌鳥道與雲齊。盱衡小立三貂嶺，大海茫茫轉在西。
> 〔註92〕

詩人雖翻山越嶺，卻「不畏」番林，也「不嫌」山路，站在三貂嶺上極目望去，看到西邊是茫茫的大海。而劉明燈〔註93〕〈過三貂嶺〉更將吏治積極為民的心表露無疑：

> 雙旌遙向淡蘭來，此日登臨眼界開。大小雞籠明積雪。高低雉堞挾奔雷。
> 寒雲十里迷蒼隴，夾道千章蔭古槐。海上鯨鯢今息浪，勤修武備拔英才。
> 〔註94〕

劉明燈除了將大多數詩人惴惴不安之感轉換成欣賞探險的樂趣，末句的「勤修武備拔英才」更積極地寫來吏治為民的心緒。詩人這種正面積極的態度，更是值得肯定。

〔註91〕董正官，字訓之，雲南太和人，道光十三年進士，二十九年任噶瑪蘭通判，兼仰山書院山長。
〔註92〕陳培桂：《淡水廳志》卷四・志三　賦役志，（南投臺灣省文獻委員會出版，民國六十六年二月），頁429。
〔註93〕劉明燈，字簡青，湖南永定人，武舉人，曾隨左宗棠鎮壓太平天國有功，同治四年（一八六五）陞任福建興寧鎮總兵。
〔註94〕陳兆康、王前：《雨港古今詩選》，（基隆市立文化中心出版，民國八十七年），頁256。

第三節　清代基隆地區古典詩的特色

清代由於基隆發展較晚，此時期詩作不多，未有本地詩人之作，所存幾乎以游宦羈旅之作為主，或陳基隆一地特殊戰略位置，或寫戰爭之感、或寫基隆特殊的產業礦業，所謂「時事議題」之詩作。

另外，清代仕宦有興文教之責，因此常有八景詩之作產生。而從最早高拱乾《臺灣府志》所定八景之〈雞籠積雪〉到基隆八景，都成為一系統的傳承，更普及到民間成為雅俗共賞之樂事。除上述外，詩人書寫羈旅之感，將己身的情緒轉化為積極為民的心態更是值得肯定的。雖然，清代時期所存之詩作不多，但仍有不可磨滅之價值與特色：

一、書寫時事議題，藉詩保存了史料，完整當時的基隆開發史，更富有社會教育意義。

二、八景詩的一系統傳承，原由仕宦階級普及至一般民眾，成為雅俗共賞之樂事，使得日據以後，詩人集會作詩多詠基隆之名勝古蹟，更為山水增輝，也保存了對基隆一地山川風貌的書寫。

三、詩人藉書寫羈旅生涯，將其山川跋涉之感轉換成積極為民的心態，值得肯定。

【附表三之一】臺灣地方志輯錄清代基隆地區詩歌作品一覽表

（一）府志部分	刊行日期	文徵、藝文篇載錄清代基隆詩歌情形	備註
《臺灣府志》	康熙三十三年高拱乾修 民國四十九年二月（臺北臺灣銀行《臺灣文獻叢刊》第65種）	其中卷十〈藝文〉輯錄了高拱乾所撰寫之臺灣八景〈安平晚渡〉、〈沙鯤漁火〉、〈鹿耳春潮〉、〈雞籠積雪〉、〈西嶼落霞〉、〈澄臺觀海〉、〈斐亭聽濤〉為臺灣八景詩之嚆矢，而其中〈雞籠積雪〉的創作一直沿體到民國後成為一系統的傳承。另外，亦收錄了齊體物、王善宗、王璋、林慶旺等人創作的〈雞籠積雪〉。	＊卷九〈外志 古蹟〉陳列了臺灣八景:「安平晚渡」、「沙鯤漁火」、「鹿耳春潮」、「雞籠積雪」、「西嶼落霞」、「澄臺觀海」、「斐亭聽濤」。 ＊卷十〈藝文〉分為:「宸翰、奏議、公移、序、傳、記、賦、詩」。
《重修臺灣府志》	康熙四十九年周元文重修 民國四十九年七月（臺北臺灣銀行《臺灣文獻叢刊》第66種）	其中卷十〈藝文志〉詩的部分有高拱乾、齊體物、王善宗、王璋、林慶旺的臺灣八景之〈雞籠積雪〉。另有夔黃、張宏、張琮所創作的臺灣八景之〈雞籠積雪〉，其臺灣八景所詠之景亦與臺灣八景相同。	＊卷九〈外志 古蹟〉列有臺灣八景:「安平晚渡」、「沙鯤漁火」、「鹿耳春潮」、「雞籠積雪」、「西嶼落霞」、「澄臺觀海」、「斐亭聽濤」。 ＊卷十〈藝文志〉為:「宸翰、奏議、公移、序、傳、記、賦、詩」。
《重修福建臺灣府志》	乾隆五年劉良璧重修 民國五十一年三月（臺北臺灣銀行《臺灣文獻叢刊》第74種）	其中卷二十〈藝文〉收錄了高拱乾、王璋所創作臺灣八景之〈雞籠積雪〉。	＊卷二十〈藝文〉包括:「奏疏、公移、文、序、記、賦、詩」。 ＊卷四〈疆域 形勝（附）〉八景分別為:「鹿耳春潮、雞籠積雪、西嶼落霞、澄臺觀海、斐亭聽濤、五層秀塔、四合仙梁」。
《重修臺灣府志》	乾隆十一年范咸重修 民國五十九年十一月（臺北臺灣銀行《臺灣文獻叢刊》第105種）	卷二十三〈藝文（四）詩（一）〉輯錄了高拱乾臺灣八景〈雞籠積雪〉；卷二十四〈藝文（五）詩（二）〉則收錄了藍鼎元〈臺灣近詠十首，呈巡使黃玉圃先生〉；卷二十五〈藝文（六）〉	＊卷一〈封域 形勝〉提到臺灣府八景為:「東溟曉日」、「西嶼落霞」、「安平晚渡」、「沙鯤漁火」、「鹿耳春潮」、「雞籠積雪」、「澄臺觀海」、「斐亭聽濤」。

	刊行日期		備　註
《續修臺灣府志》	乾隆二十五年余文儀續修 民國五十一年四月（臺北臺灣銀行《臺灣文獻叢刊》第121種）	詩（三）〉則輯錄：莊年、褚祿、王璋之臺灣八景〈雞籠積雪〉。其中卷二十五〈藝文〉輯錄了高拱乾、莊年、褚祿、王璋所撰臺灣八景詩；覺羅四明、余文儀〈雞籠積雪〉及金文焯所撰之臺陽八景〈雞籠積雪〉。另外，相關基隆風物之詩亦有：卷二十四〈藝文〉（五）詩（二）孫元衡〈裸人叢笑篇〉、藍鼎元〈臺灣近詠十首，呈巡使黃玉圃先生〉。	＊卷二十到二十五為「藝文」，分別為：「奏政、露布、文移、書、序、記、祭文、賦、駢體、詩」。詩作部分，主要見於卷二十三至卷二十五。 ＊卷一〈封域 形勝〉中提到臺灣府八景為：「東溟曉日」、「西嶼落霞」、「安平晚渡」、「沙鯤漁火」、「鹿耳春潮」、「雞籠積雪」、「澄臺觀海」、「斐亭聽濤」。 ＊藝文部分為卷二十至卷二十六，分別為：卷二十藝文（一）奏疏、書；卷二十一藝文（二）序、記、祭文、文移；卷二十二藝文（三）賦、駢體；卷二十三藝文（四）詩（一）；卷二十四藝文（五）詩（二）；卷二十五藝文（六）詩（三）；卷二十六藝文（七）詩（四）。因此可知詩作部分主要見於卷二十四至二十六。
（二）通志部分	刊行日期		備　註
《臺灣通志》	光緒二十年蔣師轍、薛紹元修 民國五十一年五月（臺北臺灣銀行《臺灣文獻叢刊》第130種）	文獻、藝文篇錄載清代詩歌情形 無收錄基隆詩。	＊內容依序為：「疆域」、「物產」、「餉稅」、「職官」、「選舉」、「列傳」、「雜識」資料。其中列傳中「文學」之部分記載曾源昌等人之資料，但並無收錄任何詩歌。
（三）縣志部分	刊行日期		備　註
《臺灣縣志》	康熙五十九年陳文達修 民國五十二年二月（臺北臺灣文獻叢刊》第103種）	文獻、藝文篇錄載清代詩歌情形 無收錄基隆詩。	＊卷十〈藝文志〉內容為：「宸感、奏疏、公移、賦、記、文、傳、詩」。但並無輯錄基隆詩。

	刊行日期	文獻、藝文篇載錄清代詩歌情形	備註
《重修臺灣縣志》	乾隆十七年王必昌修 民國四十九年二月（臺北臺灣銀行《臺灣文獻叢刊》第113種）	卷十四〈藝文志（二）詩〉輯錄：藍鼎元〈臺灣近詠呈巡使黃玉圃先生〉及王璋〈雞籠城積雪〉。	＊卷二〈山水志 海道〉另外收錄了海防同知孫元衡詩。
《續修台灣縣志》	嘉慶十二年謝金鑾 民國五十年二月（臺北臺灣銀行《臺灣文獻叢刊》第140種）	卷八〈藝文（三）詩〉輯有：高拱乾〈雞籠積雪〉、孫元衡〈裸人叢笑篇〉、藍鼎元〈臺灣近詠十首呈巡使黃玉圃先生〉、謝金鑾〈臺灣竹枝詞〉。	
《諸羅縣志》	康熙五十六年陳夢林修 民國六十二年二月（臺北臺灣銀行《臺灣文獻叢刊》第141種）	卷十一〈藝文志〉收錄高拱乾·齊體物〈雞籠積雪〉。	＊卷一〈封域志 形勝〉列出之六景分別為：「玉山雲淨」、「樣圃風清」、「北香秋荷」、「水沙浮嶼」、「雞籠積雪」、「龍目甘泉」。 ＊卷十一為〈藝文志〉，並無以文體劃分區別。
（四）廳志	刊行日期	文獻、藝文篇載錄清代詩歌情形	備 註
《淡水廳志》	同治九年陳培桂修 民國六十六年二月（臺中臺灣省文獻委員會）	主要詩歌作品都輯錄於附錄二文徵（下）。其中描寫到基隆地區風俗景物的詩文作品有：藍鼎元〈臺灣近詠〉、高拱乾〈雞籠積雪〉、莊年〈雞籠積雪〉、王璋〈雞籠積雪〉、余文儀〈雞籠積雪〉、金文焯〈雞籠積雪〉、吳廷華〈社寮雜詩〉、楊廷理〈丁卯九日登上三貂嶺〉、〈上三貂嶺〉、〈孟夏六日重上三貂頂口占〉、董正官〈由雞籠口上三貂嶺過雙溪望遠坑界入噶瑪蘭境〉、鄭用錫〈雞籠紀遊〉	

（五）市志	刊行日期	文獻、藝文篇載錄清代詩歌情形	備　註
《基隆市志 文物篇》	民國四十七年九月	其中詩歌部分主要輯於第二章藝文第一節詩詞之下，無時代之劃分，但主要輯錄詩歌為日據時期之基隆詩歌。而清代詩歌部分只有十首，除了蘇大山的〈基隆覽古〉外，其餘詩作皆為〈雞籠積雪〉，作者依序為：高拱乾、莊年、楉藤、王璋、余文儀、覺羅四明、余延良、朱仕玠、鄭大樞。	第一章「古蹟名勝」第一節「石刻」有劉明燈〈三貂嶺題詩〉。
《基隆市志 卷六 文教志 藝文篇》	民國九十二年四月	清代詩歌部分主要輯於第二章文獻第二節之下，另外，無時代劃分出清代詩歌，而以流寓或遊旅本市之名士。收錄清代官文士之作品。而本市人士詩作皆為日據至民國之作品。茲收錄流寓或遊旅本市之名士詩作於下：王璋〈雞籠積雪〉、高拱乾〈雞籠積雪〉、楉藤〈雞籠積雪〉、莊年〈雞籠積雪〉、夏筠莊〈臺灣雜詠〉二十首錄三、覺羅松山〈春月按部北路即事〉六首錄二、〈雞籠積雪〉、吳廷華〈社寮雜詩〉、劉明燈〈題三貂嶺〉、劉宗謨〈海日七絕〉百首錄二、王凱泰〈臺灣雜詠〉、楊廷理〈上三貂嶺〉、〈孟夏六日重上三貂頂口占〉、謝金鑾〈詠楊雙梧太守平蘇澳紀建詩四首〉、李若琳〈封翁後感書〉十二首錄二、重正宮〈由雞籠口上三貂嶺過雙溪到遠望坑界入噶瑪蘭境〉、楊雪滄〈雞籠晴雪〉、余延良〈雞籠晴雪〉、朱仕玠〈雞籠晴雪〉、鄭大樞〈雞籠晴雪〉、毛叔沄〈感興〉、王楠帆〈臺灣續詠〉、丘逢甲〈雞籠金〉、何澂〈臺陽雜詠〉。	

（六）基隆市區志	刊行日期	文徵、藝文篇載錄清代詩歌情形	備　註
《基隆市七堵、暖暖區志》	民國八十四年	無藝文志。	
《基隆市仁愛、安樂區志》	民國八十五年	無藝文志。	
《基隆市中正、中山區志》	民國八十六年	無藝文志。	
《基隆市信義區區誌》	民國八十七年	無藝文志。	

【附表三之二】基隆八景詩作品一覽表

基隆八景詩之傳承遞嬗主要如下：

1、全島型八景《臺灣府志》

2、縣、廳型八景：諸羅縣六景《諸羅縣志》、全淡八景《淡水廳志》

3、雞籠八景《淡水廳志》

4、基隆八景（日據時期）及八斗子八景《詩報》

5、基隆新八景（光復以後）

時　間	出　處	所載之景地名稱	八景詩相關詩作作者及相官說明
康熙三十三年	《臺灣府志》	臺灣八景： 「安平晚渡」、「沙鯤漁火」、「鹿耳春潮」、「雞籠積雪」、「東溟曉日」、「西嶼落霞」、「澄臺觀海」、「斐亭聽濤」。	高拱乾、齊體物、王善宗、王璋、林慶旺。
康熙五十六年	《諸羅縣志》	諸羅縣六景： 「玉山雲淨」、「北香秋荷」、「檨圃風清」、「水沙浮嶼」、「雞籠積雪」、「龍目甘泉」。	高拱乾、齊體物。
同治十年	《淡水廳志》	全淡八景： 「指峰凌霄」、「香山觀海」、「雞嶼晴雪」、「鳳崎晚霞」、「滬口飛輪」、「隙溪吐墨」、「劍潭幻影」、「關渡劃流」。	楊浚的〈雞嶼晴雪〉。高拱乾、莊年、褚祿、王璋、覺羅四明、余延良、金文焯、朱仕玠的〈雞籠積雪〉。

臺灣基隆地區古典詩歌研究

同治十年	《淡水廳志》	雞籠八景： 「鱟嶼凝煙」、「杙峰聳翠」、「社寮曉日」、「海門澄清」、「奎山聚雨」、「毬嶺匝雲」、「魴頂觀瀑」、「仙洞聽潮」。	僅有八景名稱而無詩作。日據時，詩人許梓桑根據此八景作了雞籠八景詩。
日據時期	《基隆誌》	基隆八景： 「旭丘晴嵐」、「米甕晚靄」、「獅嶺迎雲」、「八斗夕照」、「靈泉晚鐘」、「堵橋秋月」、「暖暖春水」、「社寮銀瀾」。	僅有八景名稱而無詩作。到了日據時期，則有李逢時達時作基隆八景詩，但八景名稱並不相同。
日據時期	《詩報》	八斗子八景： 「漁港歸帆」、「沙灘夕照」、「鳧浦探藻」、「石梯朝陽」、「長潭印月」、「鱟渚聽濤」、「嶺上尋芳」、「龜礁噴雪」。	張雨邨、黃昆榮。
光復以後	《民眾日報》	基隆新八景： 「中正慈光」、「慶安朝聖」、「竿林仙境」、「獅嶺匝雲」、「千尺疊翠」、「靈泉晚鐘」、「大覺晨鐘」、「仙洞探幽」。	僅有八景名稱而無詩作。

【附表三之三】清代基隆八景詩 作者、詩作一覽表

作者	相關經歷	詩作	最早之出處及附註
高拱乾	康熙三十一年（西元一六九二年）任分巡臺廈兵備道兼理學政來臺，後陞任浙江按察使。	〈雞籠積雪〉 北去兩千里，峰峰天外橫，長年紺宇在，半夜碧雞鳴；翠共崢嶸積，炎消障海清，丹爐和石煉，漫擬玉梯行。	＊《臺灣府志》 ＊曾輯《臺灣府志》十卷。
齊體物	正黃旗人。康熙十五年進士，三十年任臺灣海防同知，三十三年署臺灣府知府。	〈雞籠積雪〉 鑲嶼水飛雪，玲玲徹玉壺；經年寒不已，見月影俱無，積素疑瑤圃，高空似畫圖。惟於滄海外，方覓此山孤。	＊《臺灣府志》
王善宗	康熙十八年武進士。二十九年來臺灣任水師協左營守備。	〈雞籠積雪〉 雞籠一派海汪洋，寒氣相侵曠野寒。冬至絮飄深谷裡，玉龍戰退前風寒。	＊《臺灣府志》

姓名	生平	詩作	出處
王璋	王璋，字伯昂，臺灣縣人，明王忠孝之從孫。康熙三十二年舉人，曾分修《臺灣府志》，不久出任臺南宜良縣令，累官至監察御史，卒官。	〈雞籠積雪〉 雪壓重關險，江天儼一新，乍疑冰世界，頓改玉精神；精壞皆生色，空山不染塵。寒光如可惜，書睨歷多春。	＊《臺灣府志》
林慶旺	林慶旺，福建晉江人，清康熙副貢榜貢生，康熙三十四年任台灣府學教授，知縣。	〈雞籠積雪〉 冰壺九曲通，粉隊市郊同。雞舉聞社北，龍影照牆東。耦絲垂池上，玉屑落天中。柳絮隨風起，清肌貫太空。	＊《臺灣府志》
婁廣	婁廣，京南人，清康熙中武進士，康熙十四年任分巡台廈道標守備，廣東惠州協中軍。	〈雞籠積雪〉 山峻曰雞籠，連雲插海中。尖方偶積雪，傳播任匆匆。	＊《重修臺灣府志》周本
張宏	張宏，號亦衷，江蘇上海人，康熙四十七年任台灣知縣。	〈雞籠積雪〉 雞籠嚴叡各爭妍，雪積光搖須嶺然。日映鱗鱗鋪玉屑，鴉飛點點拂雲箋。參差石面千層白，高下林梢一抹煙。清興此時已不淺，何須秋夜月流天。	＊《重修臺灣府志》周本
張琮	張琮，號浣村，雲南河陽人，清貢生，康熙四十八年任台灣縣丞。	〈雞籠積雪〉 六月飛花花自妍，雞籠燃燃越嶠然。千尋嚴壑鋪銀練，半幅琉璃簇玉箋。宜興王酌供晚棹，漫勞蘇武嚙荒氈。風光聞說西山霽，此地風光別一天。	＊《重修臺灣府志》周本
莊年	莊年，字裕亭，江蘇長州人，清雍正二年，以監生薦保福建清知縣。十一年，令長泰。乾隆六年，擢淡水同知。八年，再權建寧知府，奸猾束手，改台灣兵備道，兼按察使司副使。	〈雞籠積雪〉 洞殊漠北子傾身，六出何來伴雁臣。排闥一峰疑砌玉，凝眸幾點恍推銀。炎方特為開生面，羈臣渾如過故人。金碧山川都看盡，碁頭畫裡覺翻新。	＊《重修臺灣府志》范本 ＊著有《澄台集》一卷。
褚祿	褚祿，字總百，江蘇青浦人，清雍正十一年（西元一七三三）舉人。乾隆十年（西元一七四五年）任台灣知府。	〈雞籠積雪〉 移來瓊島是何年，積素凝華入望妍。瑞數碧雞開口會，城依圖說桑田。玉山皓皓光相映，銀海波濤勢欲連。不信炎方寒起栗，燕雲迢遞近中天。	＊《重修臺灣府志》范本

姓名	生平	詩作	出處
張若霳	張若霳，字樹堂，安徽桐城人，乾隆十年以漳州知府署臺灣海防同知。	〈雞籠積雪〉翠霧溟無色，凌虛練雪橫。空山寒霧集，茅屋凍雞鳴。海岑銀花合，天高玉柱清。丹崖際鄉外，素影俏人行。	*六十七《使署閒情》收錄張若霳〈雞籠積雪〉與〈前觀察高公讌〉。
覺羅四明	覺羅四明，字朗亭，滿洲正藍旗人。乾隆二十六年（西元一七六一年），任台灣道兼提督學政。	〈雞籠積雪〉遙峰瑞應金雞，幽徑平鋪玉液。周遭石硐重重，那得柴門臥客。	*《續修臺灣府志》
林郁裕	林郁裕，福建永福人，拔貢，清乾隆二十五年任鳳山縣訓導，旋署教諭。	〈雞籠積雪〉遙峰瑞應金雞，幽徑平鋪玉液。周遭石硐重重，那得柴門臥客。	詩與覺羅四明同。查《重修鳳山縣志》並無此詩，疑有誤。
余文儀	余文儀，字寶岡。浙江諸暨人。乾隆二年（西元一七三七年）進士。二十五年（西元一七六○年）任臺灣知府。二十七年（西元一七六二年）攝海防同知，二十九年（西元一七六四年）陞任臺灣道。任內續修《臺灣府志》。	〈雞籠積雪〉十年作郡白盈頭，雪愛炎方為淹留；遙對玉山成二老，消根銀海作清流。眾峰遠列看雄状，鳴瀑齊聲報曉籌。應是碧雞曾羽化，樊龍猶得傍瀛洲。	*《續修臺灣府志》
朱仕玠	朱仕玠，字碧峰，福建建寧人，乾隆六年拔貢，二十八年官鳳山教諭，有《溪音集》。	〈雞籠積雪〉試上高樓一畫欄，半空積素布層巒。誰知海島三秋雪，絕勝峨嵋六月寒。自有清光遙㝷載，翻疑餘兴冷沁冰紈。北來羈客相思切，時向炎天矯首看。	*《續修臺灣府志》
鄭大樞	鄭大樞，福建侯官貢生，乾隆初來台，有〈台灣風物吟〉十二首。	〈雞籠曉晴〉歸然北鎮曉雲開，地軸迴旋泰谷初。青女按時捐玉佩，素娥北鎮曉雲開。色寒遠映玉山岡，澌化清流泛水渠。遡來消沴盡，好采和曾民居。	*根據《基隆市志》鄭大樞有〈雞籠曉晴〉詩，但詩作內容與金文焯〈雞籠積雪〉相同，但《續修臺灣府志》有金文焯〈雞籠積雪〉詩，故鄭大樞詩作疑編輯錄之誤。
余延良	生平不詳。	〈雞籠積雪〉圓銳孤懸霽靄中，漫漫堆玉筆穹窿。誰知暖日炎荒地，也與匡盧異色同。	*《續修臺灣府志》

金文煒	生平不詳。	〈雞籠積雪〉 歸然北鎮敞嶢闊，地軸迴旋黍谷初。青女按時捐玉佩，碧 姑終歲曳瓊琚。謝化清流淡水渠。炎瘴 邇來消洗盡，好乘和會奠民居。	* 《續修臺灣府志》
楊浚	楊浚濬，名浚，閩侯官人，清咸豐二年舉人，同治七年淡水同知陳培桂聘來臺，纂修《淡水廳志》。	〈雞嶼晴雪〉 三千銀界望嵯峨，如此炎方奈冷何；天為重關消瘴癘，我 從殘碥一摩挲。鑿坏安得山能語；漏網真愁水不波。 聞雞先見日，更無人借魯陽戈。	*並著有《冠悔堂文集》有全淡八景詩，錄〈雞嶼晴雪〉一首。

第四章　日據時期基隆地區古典詩歌(上)

第一節　日據時期基隆地區文學發展的條件與概況

一、時代背景概述

　　光緒二十年（一八九四），中日甲午戰爭爆發，清廷戰敗。翌年，光緒二十一年，清廷被迫與日本簽訂「馬關條約」，其中馬關條約的第二條，同意臺灣無條件割讓給日本。消息傳來，臺灣人民悲憤不願臣倭於日本，因而倉促成立臺灣民主國，由巡撫唐景崧擔任總統，丘逢甲任義軍統領，以拒日軍入侵。但臺灣全島處於孤立無援的情勢，終究無法扭轉整體局勢，日軍攻陷基隆與台北城後，唐景崧、丘逢甲相繼離臺。丘逢甲離臺之際，留下離臺詩六首，其中：「宰相有權能割地，孤臣無力可回天。扁舟去作鴟夷子，回首山河意黯然。〔註1〕」的詩句更為時人所傳誦。臺灣民主國宣告瓦解後，當年十月，日軍佔領全島，展開五十年的殖民統治。

　　自清光緒二十一年起至民國三十四年（一九四五），日本於二次大戰投降止，此五十年為日本據台時期。日本治臺五十年期間，有計畫漸進式改造台灣的政治、社會、經濟、教育，以期能達到經濟剝削，使臺灣成為侵略的供給站。日本治臺的殖民體制，以「總督府」為行政執行的機構，共有十九任

〔註1〕丘逢甲：《嶺雲海日樓詩鈔》，（臺北臺灣銀行經濟研究室，臺灣文獻叢刊第70種，民國四十九年八月初版），頁365。

的更迭，分別有武人總督及文人總督〔註2〕，治臺五十年的統治方針常因應時局的轉變而調整，但其政策方向大致可分為三期：

第一期：「綏撫時期」，自光緒二十一年（一八九五）年至民國七年（一九一八）

此期間除以武力鎮壓外，對於台灣原有風俗習慣採寬容態度，一切制度皆適時調整，盡量不激起民憤，以建立殖民體制之基礎為首要。

第二期：「同化時期」，自民國七年（一九一九）至民國二十六年（一九三七）

此時期遭逢第一次世界大戰，世界民主自由及民族思想高漲，加上臺人接受新教育的啟迪後，民智大開，民族覺醒，日人為籠絡臺人而提出「同化政策」。根據《臺灣史》所載：「一九三〇年代起，隨著日本帝國主義侵略擴張的野心日益熾盛，成為其南進基地的臺灣，無可避免地受到相當影響。總督府一面壓制帶有民族主義或共產主義色彩的政治、社會運動，強化臺灣的統治；一面積極推動普及日語、部落振興等社會教化運動，謀求加速臺人之同化，使臺人轉變成為『利害與共』的日本國民。〔註3〕」因此，此時期高倡內地延長主義，謀求臺人與日人同化，稱之為同化時期。

第三期：「皇民化時期」，自民國二十七年（一九三八）年至民國三十四年（一九四五）

「一九三七年中日全面戰爭爆發後，臺灣戰略地位益形重要，為使臺人亦具日本國民之愛國心和犧牲精神，臺灣亦有『皇民化政策』之提倡。換言之，總督府進而制定『皇民化政策』，圖使臺人徹底同化成為『皇國民』。在

〔註2〕參考黃昭堂：《臺灣總督府》，（臺北前衛出版社，民國八十二年），頁69～頁193，所論述製表如下，日據時期，歷任總督一覽表：

綏撫時期（1895至1919）：初期武官總督	樺山資紀（1895）、桂太郎（1896）、乃木希典（1896）、兒玉源太郎（1898）、佐久間左馬太（1906）、安東貞美（1915）、明石元二郎（1918）。
同化時期（1919至1937）：文官總督	田健治郎（1919）、內田嘉吉（1923）、伊澤多喜男（1924）、上山滿之進（1926）、川村竹治（1928）、石塚英藏（1929）、太田政宏（1931）、南弘（1932）、中川健藏（1932）。
皇民化時期（1937至1945）：後期武官總督	小林躋造（1936）、長谷川清（1940）、安藤利吉（1944）。

〔註3〕黃秀政等著：《臺灣史》，（臺北五南，民國九十一年初版一刷），頁179。

此一政策下，教育致力於將臺人『鍊成皇國民』；廢除報紙漢文版，推動常用日語運動，獎勵『常用國語者』、『國語家庭』、『國語模範部落』等；……連文學、戲劇、音樂等亦負有貫徹皇民化政策之使命。」〔註4〕第二次大戰期間，日本為了要求臺人與站在同一陣線，更將同化政策轉成更進一步的「皇民化運動」，以徹底消滅台灣人的漢民族意識。

教育方面，日人統治臺灣以來，即把對臺人民之教育作為其重要政策之一，以利其推行殖民政策。日人廢除原有清代官方教育，以消滅臺灣人的民族意識，日人並建立新的教育制度，其教育政策大致可分為三個階段：

第一階段：臺灣教育令頒布前（一八九五至一九一九）

此階段由於日殖民政府對臺之教育政策未具體確立，加上統治經驗不足，使得殖民同化教育短時間難以推廣。但以普及日語為考量下，仍大力推行日語，普設日語講習所，及漢文講習所，並藉宗教（佛教）宣教機會，推廣日語。

第二階段：臺灣教育令頒布後（一九一九至一九四一）

日本臺灣總督府公佈臺灣教育令後，確立臺灣的學制系統，日人與臺人之教育便成不平等待遇的兩系統。初等教育部分，臺人入公學校，日人入小學校，以「內地延長主義」加強同化。一九三七，公學校正式廢除漢文科，漢文書房也開始遭到禁止。

第三階段：臺灣教育令再度改正（一九四二至一九四五）

太平洋戰爭後，日人更積極推行同化政策，將臺灣教育令改正，初等教育部份，將基隆各公小學校，一律改成國民學校，藉實施義務教育，進一步推行同化政策。一九四三，總督府頒佈「廢止私塾令」，書房即逐漸停辦。

二、日據時期臺灣詩社林立之原因

日本治臺之初，原本對臺灣傳統書房採取放任的態度，但由於書房講習孔孟之道，維繫傳統文化，宣揚民族意識，日人意識到與殖民政策不符。便開始限制進而取締書房的活動。《臺灣省通志稿》提到：「日政府平定全省後，即積極推行殖民政策，初設日語講習所，旋置公學校（如今之國民學校）於

〔註 4〕黃昭堂：《臺灣總督府》，（臺北前衛出版社，民國八十二年），頁 180。

各地，威迫利誘本省青、壯年，接受日式教育。於是私塾漸廢，而隨遺老之凋謝，三百年來慣用之中華文字，殆將廢滅。因此為挽救民族文化於垂危，有心人士，紛紛蹶起，鳩資創辦中文雜誌，與詩社之活動，互為表裡，以鼓勵詩學並灌輸民族思想。〔註5〕」

另外，張作珍在《北港地區傳統詩社研究》則說：「面對日人的奴化政策，知識份子基於民族意識的覺醒，乃前仆後繼地從使漢文化的保存和延續。然而，傳統傳授教育的書房既經禁絕，於是改而轉向日治當局採取懷柔政策的詩社發展，此為不得不然的權宜措施。有識之士藉著詩歌的比興特質，來抒發身世家國之感、傳遞民族意識與文化。〔註6〕」能詩能文的文人，除了藉由詩詞以明志外，也藉由詩社集會，倡擊鉢吟，互通消息，以詩保存傳統文化，加上日人並不禁止詩文結社，甚至親自參予，更使得當時古典詩社紛紛成立。因而當時藝文風氣大開。

日本統治者為達殖民之目的，希望能徹底消滅臺灣人的民族意識，因此漸次地破壞傳統中國文化，如：取消漢文、禁絕傳統宗教及風俗習尚，但又怕知識份子群起反動，便藉各項措施籠絡知識份子，其中主要措施有幾項：制定紳章的頒發、舉辦饗老典、創設揚文會、舉行詩人聯吟。原本日本統治臺灣，是嚴禁人民結社的，但在詩社上，卻又採取放任的態度，因此日據時期詩社便如同雨後春筍般地設立。而日據時期詩社林立與古典詩盛行之因，有諸多說法，筆者試以日殖民政府及臺人心態分別論述之：

（一）就日殖民政府的心態而言，藉漢詩拉攏臺人

臺灣是日本在海外獲得的第一個殖民地，日本統治者以「恩威並施」的漸進方式，逐步瓦解漢文化及臺人民族意識。兒玉源太郎任臺灣總督後，為籠絡上層士紳，上任後便「頒發紳章」，舉行「饗老典」、「揚文會」，並鼓勵詩會活動。日人深知臺灣上層士紳大都受過詩文訓練，文人雅士以吟詩酬答為樂，便舉辦詩人聯吟大會，並鼓勵詩社的設立，以此具體措施來拉近日殖民政府與臺人之間的關係。

〔註5〕臺灣省文獻委員會：《重修臺灣省通志卷十藝文志文學篇》，（南投臺灣省文獻委員會，民國八十六年十二月），頁69。

〔註6〕張作珍：《北港地區傳統詩社研究》，（南華大學文學研究所碩士論文，民國九十年六月），頁34。

（二）就臺人心態而言

1、保存漢文與傳統文化

連雅堂在《臺灣詩薈》裡提到：「三十年來，漢學衰頹，至今已極，使非各吟社為之維持，則已不堪設想。唯各吟社之提倡，注重乎詩，夫詩為文學之一，苟欲作詩，必須讀書，如乘此時而提倡之，使人人皆知讀書之樂，漢學之興可豫卜。〔註7〕」日本治臺之初，對臺灣傳統書房採取放任的態度，但由於書房講習孔孟之道，民族大義皆在其中，日人以為書房與殖民政策不符，便開始限制進而取締書房的活動。而作詩，必先讀書，此時詩社便擔負起基礎教育的功能。

另外，《瀛社創立九十週年紀念詩集》提到：「日據後，北臺遺老洪以南、謝汝銓、林佛國、魏清德諸清輩起而倡詩社，以風雅道義相切磋為宗旨，以維護我中華固有文化。〔註8〕」另外，「當臺民尚在日人統治下，仍能保存我國固有文化，實應歸功於詩社之倡設。〔註9〕」

2、吟詩諷世，以明心志

傳統文人目睹時局遽變，臺灣淪為異國統治，感到悲憤難平，遂將抑鬱之氣，化為慷慨悲歌於詩作中吐露呈現。如基隆詩人張添進的詩作〈籠中鳥〉：「雕籠久住感難勝，自惜翩翩羽翼輕。弱肉終歸強者食，世無公冶莫徒鳴。〔註10〕」便藉詩吐露了其悲憤的心志。

3、為博取美名、結識勢力

翻閱日據時期以新文學為主要路線的〈臺灣民報〉，就可以清楚地看出新、舊文學之爭的端倪，張我軍在〈臺灣民報〉中〈絕無僅有的擊鉢吟的意義〉〔註11〕痛斥當時台灣盛行的擊鉢吟，甚至將擊鉢吟看作「詩界的妖魔」，張我軍認為開擊鉢吟會主要原因無非為了想得賞品、或顯作詩技巧、或想結識勢力。不可諱言的，部分文人的確藉由參與詩會活動，趨附日本政府，以達晉升之路。

〔註 7〕連雅堂：《臺灣詩薈》，（臺灣省文獻委員會，民國八十一年），頁650。
〔註 8〕杜萬吉：《瀛社創立九十週年紀念詩集》，（臺北瀛社，民國八十八年），頁17。
〔註 9〕杜萬吉：《瀛社創立九十週年紀念詩集》，（臺北瀛社，民國八十八年），頁17。
〔註10〕陳兆康、王前：《雨港古今詩選》，（基隆市立文化中心出版，民國八十七年八月），頁58。
〔註11〕張我軍：〈臺灣民報〉，（臺南〈臺灣民報〉，第三卷第二號，一九二四年十二月二十四日）。

　　而黃美娥則將日據時代全臺詩社林立的原因分為外在因素及內在因素來探討〔註12〕，外在因素主要有：「日人的推波助瀾」、「社會環境的安定」、「報紙雜誌的傳播」；內在因素則有：「沉溺詩歌以自遣」、「維繫漢文於一線」、「風雅唱和切磋詩文」、「抬高身份博取美名」、「溝通聲息敦睦情誼」。

　　不管詩社成立的因素為何，客觀說來，「漢詩」、「古典詩」無疑是日據時期重要的文學代表。「日治時期的台灣，舊詩已經融入了許多百姓的生活中，在婚、喪、喜、慶的典禮中，總要藉詩以抒情，此刻之舊詩成為眾人平日交際應酬之最佳文字，而百姓也以加入詩社為榮。〔註13〕」當時古典詩的普及，的確反映在當時的詩作中，成為日據時期重要的文學現象，更是台灣文學發展中特殊現象。

三、日據時基隆地區文學發展概況

　　基隆地區整體的文學的發展，根據基隆前大同吟社社長陳其寅著作《懷德樓文稿》中指出：「清季的基隆因鄰近稍早開發的淡水、台北等地，受其影響，則有多位鄉賢在本地傳經授課，推動本地的藝文，不過仍屬萌芽階段。直到乙未割台後的日治初期，開始有多位宿儒在本市各地設立書房，基隆的傳統文學乃逐漸興起。〔註14〕」光緒十九年舉人江呈輝創立崇基書院，崇基書院為基隆唯一書院，當時的義塾，便附於崇基書院內，惜崇基書院創立後，遭逢甲午戰敗，清廷割臺，因此僅舉辦首次的月課，便無法經營。但是日據後，為保有固有文化，有多位的耆老開始設塾，推動基隆的文教發展。先後在基隆地區設私塾授徒者，以甲午年與日本開戰之前「有舉人江呈輝蘊玉。雙溪舉人連日春藹如。雙溪鄉貢生莊廷燦。秀才張尚廉燦堂、秀才林升階（住田寮港）秀才陳疇（住社寮島）等。〔註15〕」

　　日據時期設私塾者，則有：「有宜蘭籍秀才蔡步蟾（桂村）與陳授時（欽甫）。當地宿學蔡鳳儀（舜廷）。張一鶴（尚友）謝維廉（錫五）沈相其（藍

〔註12〕黃美娥：〈日治時代台灣詩社林立的社會考察〉，（臺北《臺灣風物》，民國八十六年九月，四十卷三期），頁63～頁82。

〔註13〕杜萬吉：《瀛社創立九十週年紀念詩集》，（臺北瀛社，民國八十八年），頁249。

〔註14〕陳其寅：《懷德樓文稿》卷八，（基隆市文化基金會出版，民國八十一年七月），頁351。

〔註15〕陳其寅：《懷德樓文稿》卷八，（基隆市文化基金會出版，民國八十一年七月），頁351。

田）劉維周、王慶三、邱心源及惠安人江清峰（亦奇）等。民初以迄光復設
書房教漢文者。秀才何雲儒（諧廷）詩家張純甫（筑客）。李燦煌（碩卿）
儒士王溥子清（晉江人住暖暖）陳庭瑞（嵩嶽，曾子寮）莊福錫滋、林莪士、
謝煥卿、劉明祿、蔡愚谷、吳蔭培（九份）高寄漁（瑞芳）張廷魁（頂雙溪）
等。〔註16〕」

　　書房以啟蒙教育為主旨，詩社則為以文會友的社團，雖然兩者運作的組
織與意義不同，但兩者都使得臺人能藉此保存文化。日本臺灣總督府公佈臺
灣教育令後，漸次禁止書房，到了昭和十二年，公學校正式廢除漢文科，漢
文書房正式遭到禁止。而昭和三年到昭和十二年，基隆地區的書房由二十四
所驟減為三所；昭和元年至昭和十六年間，基隆地區至少曾成立十所以上的
詩社，雖無法確證基隆地區的詩社是否取代書房，但可知基隆地區書房的創
立與當時基隆詩壇發展確有相當程度的關連。基隆地區書房與詩社也均為日
據時期傳遞漢文化的重要場所。

　　根據黃美娥的說法：「日治時代全台詩社的分佈，並非平均分佈全台各
地。其中嘉、南地區之詩社凡六十九社，冠於全省。蓋台南為文化古都，
乃明清二代府治所在，中原文化首播於此；而嘉義仳鄰夙賢沈光文設帳傳
學之處，且地近府治，故兩地文教素養較高，吟風自然遠勝其他地區。至
於台北地區在日人治台後，人文薈萃、官紳雲集，尤助儔朋歡詠，故詩社
亦達多十二社之多；其次新竹、彰化則因當地清時文風頗盛，前承遺緒，
詩社亦夥。而台中、高屏地區，雖係後起之秀，詩社數目實亦可觀。其他
詩社較少之地區為宜蘭、基隆、桃園、苗栗、南投、花蓮、台東、澎湖等
地，殆與其地開發較晚有關。〔註17〕」清代由於臺灣北部發展較遲的緣故，
基隆一地尚未有任何詩社的成立。而日據時期基隆詩社可謂異軍突起，從
大正年間到昭和年間，基隆地區至少有十二個詩社陸續成立，基隆地區的
文學發展也以古典詩為主要創作，詩社便為基隆一地擔任起延續漢文化的
任務。

〔註16〕陳其寅：《懷德樓文稿》卷八，（基隆市文化基金會出版，民國八十一年七月），
　　　　頁351。
〔註17〕黃美娥：〈日治時代台灣詩社林立的社會考察〉，（臺北《臺灣風物》，民國八
　　　　十六年九月，四十卷三期），頁53。

　　書房的創立人，常挖揚風雅，親自參予古典詩社活動，如保粹書房的負責人李燦煌成立了月曜吟社，以教導門下弟子習詩；日新書房的負責人陳庭瑞則是當時小鳴吟社、大同吟社的社員。基隆地區古典詩社，以小鳴吟社之成立，為基隆最早之詩社。而後在日據中期，昭和年間，基隆地區古典詩社，在耆老努力推行下，便如同雨後春筍般陸續成立，尤其在日據後期至對日抗戰前，基隆詩社的設立，已達到最高峰。到了二次大戰爆發後，因戰火波及，才使詩社的擊缽吟會，停止運作。

第二節　日據時期基隆地區古典詩社之概況

　　清末、日據初期，基隆地區雖有風雅人士適興催詩，但仍無形式上之詩社組織。宣統元年，瀛社成立於臺北，使得北部詩風為之大振，當時基隆詩人多聯袂參加瀛社，計有：顏雲年、許梓桑、李碩卿、林金標等人。而瀛社每年四季舉行吟會，一季固定於基隆舉行，因而奠定了基隆古典詩社成立的契機。

　　大正元年（一九一二），基隆礦業鉅子顏雲年所築「環鏡樓」落成，顏氏為臺北瀛社之社員，平生雅好吟詠，因而廣邀全臺詩人名士蒞止，舉辦全臺詩人聯吟大會，當時盛況空前，得詩二百七十餘首，開基津有史以來之藝文韻事，並刊《環鏡樓唱和集》傳世。後顏氏別業陌園落成，再次廣邀全臺詩人名士集會，並刊《陌園吟集》傳世。顏雲年禮聘大儒張純甫、李碩卿為西席，共組「小鳴吟社」，時基津詩人黃昆榮、廖藏芝、王子清等人，參加小鳴吟社共同挖揚風雅。小鳴吟社之成立，為基隆最早之詩社，開啟基隆一地詩社創立之風氣，此後基隆地區古典詩社乃陸續成立。

　　日據期間，基隆地區的文學發展以古典詩為主要創作，詩社的活動、詩作內容呈現都反映著當時基隆的社會脈動與風俗面貌，因此筆者試著將當時文獻、地方志作一爬梳整理，希望能整理出當時詩社、詩人及詩社活動、集會詩題、詩作內容，並藉此探討日據時期基隆詩社之活動概況。

　　筆者並先行將日據時期至光復前之基隆地區詩社做一簡表，以時間先後為順序，並依創社先後之順序加以論述其詩社成立過程、詩人、詩作、詩社集會情形，試著反映出當時基隆詩壇的面貌及特色。

日據時期基隆地區古典詩社簡表

詩社名稱	成立時間	活動地區	主要成員	其他紀要
小鳴吟社	大正十年（一九二一，民國十年）	以基隆、臺北為主。	張一泓、蔡痴雲（發起人） 顏雲年（社長） 顏雲年、王子清、陳庭瑞、張添進、鄭如林、陳潤生、廖宗支、呂瑞珍、顏德輝、黃昆榮、陳新枝、蘇世昌、黃梅生、許梓桑、沈藍田、沈連袍、林衍三。	曾刊行詩集《環鏡樓唱和集》、《陋園吟集》。
網珊吟社	昭和元年（一九二六，民國十五年）	基隆	張添進、李春霖、陳凌碧等。社長為李春霖。	
復旦吟社	昭和元年（一九二六，民國十五年）	基隆	顏受謙、許子修、林金生、詹心正、許子修、林金生、劉福來等。社長為顏受謙。	復旦吟社為基隆跨越日據時期兩大詩社之一。
月曜吟社	昭和元年（一九二六，民國十五年）	基隆	保粹書房李燦煌師生。	固定於星期一晚上活動。
鐘亭	昭和四年（一九二九，民國十八年）	基隆、雙溪、平溪、松山	黃梅生、張一泓、周士衡、蔡清揚、張鶴年、楊靜淵、李紹唐等。社長為張一泓。	主要活動記載於《鐘亭集》。
晶社	昭和四年（一九二九，民國十八年）	基隆	廖藏奎等人。社長為廖藏奎。	
華僑鄞江吟社	昭和六年（一九三一，民國二十年）	基隆	李紹蘭、黃景岳與全臺華僑吟友。	1、活動成員為全臺之華僑吟友。 2、吟社地址設於基隆市黃景岳寓所。
大同吟社	昭和六年（一九三一，民國二十年）	基隆	張鶴年、劉明祿、蔡清揚、張添進等。首任社長：許梓桑、第二任社長：陳其寅、第三任社長：陳德潛。 早期活動成員有：陳庭瑞、呂獻圖、蔡景福、王雪樵、陳耀東、劉其	大同吟社為跨越日據時期基隆兩大詩社之一。

			淵、黃梅生、林思齊、張一泓、李醉霞、李登瀛、劉明祿、周士衡、蕭水秀、蔡子淘、張文穆、黃景岳、張鶴年、簡銘鐘、杜靄人、何崧甫、王吞雲、杜二陵、楊靜淵、賴照熙、簡穆如、楊子培。	
同勵吟社	昭和八年（一九三三，民國二十二年）	基隆（七堵、暖暖）	王子清、劉春亭、何崧甫、簡穆如、周枝萬、李建成、林淇園等。社長為王子清。	
曉鐘吟社	昭和十四年（一九三九，民國二十八年）	基隆	黃昆榮、黃景岳、張一泓等、杜碧嵐、杜毓洲、褚萬定、陳臥雲、張笠雲、杜君謀等。	
大武崙詩學會	不詳。昭和十六年出現於詩報。	基隆	黃昆榮、程聖坤、闕志英、陳新丁等。	
鼓音吟社	不詳。於二次大戰前解散	基隆	羅慶雲、李碧山等人。	

一、基隆詩社之濫觴「小鳴吟社」

今日關於小鳴吟社的資料現今幾乎以〈基隆詩壇之今昔〉中所云為主：「基隆巨紳陌園主人顏雲年吟龍，經營礦業而成鉅富，又雅好吟詠，民國元年構築環鏡樓於今之忠二路，閱兩年十月落成，開全臺擊鉢吟大會，盛況空前，為基津之一大韻事。得詩二百七十餘首，鐫《環鏡樓唱和集》流傳，更築陌園於今之信二路，擅林泉之勝，時為文酒之會，致力弘揚詩教，延名士張純甫、李燦煌碩卿為西賓，與記室職員組織小鳴吟社。社員有鄭如林（蔚雲）呂瑞珍（獻圖）顏德輝、黃昆榮、陳新枝、蘇世昌、黃梅生等。而地方能詩之士，如：許梓桑（迺蘭）沈相其（藍田）與子連袍（字少青）林衍三（理卿）陳庭瑞（蒿萊）張添進（一泓）等也常應邀參與，共同來揚風扢雅，佳作如林，刊行《陌園吟草》。那知世事無常，雲年先生於民國十二年癸亥冬月逝世，距生於同治甲戌年，享年五十。該社風流雲散，歸于無形消失。〔註18〕」

〔註18〕陳其寅：《懷德樓文稿》卷八，（基隆市文化基金會出版，民國八十一年七月），頁356。

以大同吟社第二任社長陳其寅所云，可知大正年間，基隆礦業鉅子顏雲年於基津開全臺詩人大會後，始與當時文人組織小鳴吟社。查閱《臺灣日日新報》，得知顏雲年於大正元年十一月廿三日、廿四日，在基隆環鏡樓舉行落成會之吟宴，此次集會為全島第一次詩人大會，〔註19〕臺南進士許南英亦參加此次盛會。而《臺灣日日新報》亦載有小鳴吟社參與瀛社之相關活動，如《臺灣日日新報》第七千八百二十七號，大正十一年三月十五日所載：

> 瀛社十五年紀念。舊二月十五日之花朝，開於稻江顏雲年新築別邸，午後二時，瀛社員，及桃社、竹社、星社、小鳴社諸詞友，便續續來集。……張純甫代表星社、李碩卿君代表小鳴吟社，各述該社友入瀛社希望。謝雪漁君代表瀛社述贊成意，磋商會則，顏雲年君起為逐條朗讀一遍，字句間加二三修正，全部可決，瀛社事務所以後即決定于雲年君新別邸。〔註20〕

從上述記載可發現，時基隆第一個成立的詩社「小鳴吟社」曾加入瀛社。再看《臺灣日日新報》第八千零十八號，大正十一年九月二十二日〈墨瀋餘潤〉一欄所載，瀛社擬定的食飯會輪值順序，小鳴吟社在二十組輪值中，擔任起兩次輪值〔註21〕。在小鳴吟社成立前，瀛社每年四季舉行例會，一季固定於基隆舉行，而瀛社於基隆的活動大多於基隆顏雲年之住宅舉行，而顏氏又擔任小鳴吟社社長，小鳴吟社與瀛社關係密切，似乎與瀛社社員顏雲年有若干程度之關連。小鳴吟社的結束時間，為大正十二年五月十日。根據《臺灣日日新報》第八千二百四十八號，大正十二年五月十日所載：

> 瀛社擊鉢吟例會。瀛社擊鉢吟例會者輪值基隆，定來十三日午後一時起，開例會於基隆公會堂。……又此後小鳴吟社詞人，擬全部編入瀛社，易名為瀛社基隆分部。

〔註19〕《臺灣日日新報》，（國立中央圖書館台灣分館微捲收藏，大正元年十一月十五日，第四千四百七十四號）：「落成宴之吟會。顏雲年君，居基隆轄之魚桀魚坑，因從事瑞芳金山鑛務，徙居煠仔寮，歷有年所，近因經營新事業甚夥，數與都會人士往還。山居荒僻，有所未便，爰卜居基隆市，建築廣廈，於客年興工，近乃告竣，聞定此本月廿一日起，開落成宴，瀛社同人與君久結騷壇之雅，將聯袂趨堂致賀，君風雅之士，爰利用此好機宜，欲柬邀全島各詩社詞人，於廿三、廿四等日，畢集新宇，大開吟會……，聞久宦粵省，夏間歸梓之臺南許允伯先生，已欲應邀，遠來赴會，其吟會在廿三日為正會，廿四日為續會，彼居遠隔之地者，以廿二晚或廿三早，各視汽車時刻赴基為便。」
〔註20〕《臺灣日日新報》，大正十一年三月十五日，第七千八百二十七號。
〔註21〕《臺灣日日新報》，大正十一年九月二十二日，第八千零十八號。

基隆詩壇的重要推手顏雲年於大正十二年驟然逝世，顏氏過逝後，小鳴吟社便編入瀛社，改名為「瀛社基隆分部」。從上述文獻資料可以發現，小鳴吟社與瀛社關係十分密切。至於小鳴吟社的成立動機及例會，《基隆市志》、《臺灣日日新報》等資料均無收錄。筆者在檢閱《詩報》時，發現昭和八年二月十五日第五十三號中，有兩段關於小鳴吟社的資料。除了將小鳴吟社成立之動機說明外，也將發起人、組織成員作一說明，為基隆最早的詩社小鳴吟社，留下了線索。關於小鳴吟社成立的動機，在詩報秋麟的序中提到：

> 凡物必先由小鳴而後能大鳴，然鳴莫早於晨雞，閭闔一聲，劉琨聞之而起舞，奮志有為之士，每以雞為曉夜之警，而愛其能鳴也，鯤身之首，獅球之上，有雞峰焉，顧名思義，雞之鳴，可為基之人士起興矣，吾人誠能由小鳴進大鳴，小雅進大雅，則他日旗鼓堂堂，起衰漢文，發宏為大，聲聞於天者，又寧非今日小鳴之造端發軔也耶。茲特倡立小鳴吟會，惟望大方雅士，共起扶輪焉。〔註22〕

小鳴吟社的成立，乃以基隆位居臺灣北部，基隆獅球嶺上雞峰為喻，望基津之人士能以雞曉夜之警自勉，進而揚詩經大雅高尚純正之風，此記載便說明了小鳴吟社的成立動機。此序寫作的時間是「大正十年八月二十四日」，作序者為「秋麟氏〔註23〕」。另一段小鳴吟社的趣事，亦記於下：

> 歲壬戌〔註24〕上巳後一日，會於南瑞樓補修禊事，且為秋客君〔註25〕生兒之彌月，同人各賦一章以賀，五七言開作，又擊鉢吟，題為雨後筍，得七絕十餘首。亦未能免俗中雅事也。差距一月夜，當小鳴

〔註22〕茲將《詩報》，（國立中央圖書館台灣分館微捲收藏，昭和八年二月十五日，第五十三號）所云收錄於下：「新鶯學囀，雛龍試吟小鳴也，鶴鳴九皋，雷轟百里，大鳴也，有黃鐘之鳴，有瓦缶之鳴，有朝鳳之鳴，有晨雞之鳴，鳴一也，而有大小之分，故凡物必先由小鳴而後能大鳴，然鳴莫早於晨雞，閭闔一聲，劉琨聞之而起舞，奮志有為之士，每以雞為曉夜之警，而愛其能鳴也，鯤身之首，獅球之上，有雞峰焉，顧名思義，雞之鳴，可為基之人士起興矣，吾人誠能由小鳴進大鳴，小雅進大雅，則他日旗鼓堂堂，起衰漢文，發宏為大，聲聞於天者，又寧非今日小鳴之造端發軔也耶。茲特倡立小鳴吟會，惟望大方雅士，共起伏輪焉，大正十年八月二十四日秋麟氏序。發起人蔡癡雲、張一鴻、鄭如林、黃梅生。贊成者：陳子經、林衍三、呂瑞珍、王子清、劉振傳、施少敏、陳新枝、周步蟾、林錦村、劉明祿、黃昆榮、陳庭瑞、蘇世昌、李石鯨、簡銘鐘。」

〔註23〕秋麟氏疑為「秋麟氏」之誤植，「秋麟」為李燦煌之別號。而李燦煌為小鳴吟社西席。

〔註24〕推為一九二二，大正十一年。

〔註25〕秋客為詩人張添進之別號。

吟會期，同人正分箋覓句，興會淋漓，秋客尤豪吟低唱，大有舉世
上事物，胥不足動其吟懷。豈計及其細君之將分娩耶。畢會時，既
鐘鳴十二下，歸抵家，則呱呱者，已墜地作金石聲。翌日，同人等
知共事者，或笑其詩癡，而余則謂其有詩書氣焉。〔註26〕

從上述之記載可以看到一段小鳴吟社社員秋客之趣事。詩人秋客作詩之專注
貌，「大有舉世上事物，胥不足動其吟懷」，豈料妻子忽臨盆，詩人秋客歸家
時，嬰兒已呱呱落地，無非詩友們稱為「詩癡」，或開玩笑的說嬰兒「有詩書
氣」。而上述記載此一趣事，亦為小鳴吟社留下了線索。其中，小鳴吟社集會
的時間，依其序中所提到「壬戌」可推知為大正十一年（一九二二），上巳後
一日，為農曆三月四日。即大正十一年農曆三月四日，集會之因則是諸詞友
賀秋客生兒彌月，集會地點則為「南瑞樓」，另外，此次集會擊鉢詩題為「雨
後筍」。

　　根據上述資料，試著將小鳴吟社之資料還原，製表如下：

【小鳴吟社之基本資料表】

成立時間	大正十年（一九二一，民國十年）
結束時間	大正十二年（一九二三，民國十二年）〔註27〕
發起人	蔡癡雲、張一鴻、鄭如林、黃梅生
社長	顏雲年
西賓	張純甫、李燦煌
活動範圍及地點	基隆，曾於「南瑞樓」集會。

〔註26〕《詩報》，昭和八年二月十五日，第五十三號的說法：「歲壬戌（一九二二）
　　　　上巳後一日，會於南瑞樓補修禊事，且為秋客君生兒之彌月，同人各賦一章
　　　　以賀，五七言閒作，又擊鉢吟，題為雨後筍，得七絕十餘首。亦未能免俗中
　　　　雅事也。差距一月夜，當小鳴吟會期，同人正分箋覓句，興會淋漓，秋客尤
　　　　豪吟低唱，大有舉世上事物，胥不足動其吟懷。豈計及其細君之將分娩耶。
　　　　畢會時，既鐘鳴十二下，歸抵家，則呱呱者，已墜地作金石聲。翌日，同人
　　　　等知共事者，或笑其詩癡，而余則謂其有詩書氣焉。夫生育為人生最重要事，
　　　　不可輕忽，盡人知之，然其生也，或賢或否，則非人之所知也，賦性稟於天，
　　　　實稟於人，故得其氣之清質者賢，其濁者否，驗其清濁，別其賢否，其不中
　　　　者幾希，姑併記之質識者。」
〔註27〕《臺灣日日新報》，大正十二年五月十日，第八千二百四十八號的說法：「瀛
　　　　社於大正十二年五月十日於基隆集會時決議，將小鳴吟社詩人全部編入瀛社，
　　　　並易名為『瀛社基隆分部』。」

主要成員	陳子經、林衍三、呂瑞珍、王子清、劉振傳、施少敏、陳新枝、周步蟾、林錦村、劉明祿、黃昆榮、陳庭瑞、蘇世昌、李燦煌、簡銘鐘、鄭如林、陳潤生、廖宗支、顏德輝、黃昆榮、黃梅生、顏雲年、張純甫、許梓桑、沈相其、張添進（一鴻、一泓）。
集會事由	修禊（大正十一年農曆三月四日）
詩題	雨後筍（大正十一年農曆三月四日）
其他紀要	一、首開全臺詩人大會之先例 基隆礦業鉅子顏雲年（亦為瀛社社員）曾舉辦了兩次全臺詩人大會，為基津有始以來之藝文盛事，亦為全臺詩人大會之濫觴。兩次大會主要慶祝顏氏豪宅「環鏡樓」，及其花園別墅「陋園」落成。 二、出版相關刊物《環鏡樓唱和集》、《陋園吟集》。 將兩次詩人大會之詩集結付梓。 三、小鳴吟社多參與當時瀛社之活動。

另外，前大同吟社社長陳其寅，曾撰〈過陋園〉詩：「陋園何處弔詩人，高會龍吟跡已陳，浪說成金緣富貴，從知大雅善扶輪，南州冠冕規模遠，北海琴樽寂寞春，一代鄉賢呼不起，伊誰踵武耀基津。〔註28〕」將人事滄桑之慨、不勝噓唏之感作出陳述。基津首開全臺詩人大會，當時甚至流傳著，集會處鉢聲連夜不斷，但轉眼的繁華恍如雲煙，小鳴吟社社長顏雲年，未親眼目睹詩集《陋園吟集》之出版（大正十三年，民國十三年四月付梓）便於大正十二年冬辭世，而小鳴吟社也因此結束了運作。

二、曇花一現的「網珊吟社」

網珊吟社的成立時間，根據《基隆市志》所載，創立時間為昭和元年（一九二六，民國十五年），而《基隆市文學類資源調查報告書》及前大同吟社第二任社長陳其寅則認為成立時間為昭和五年（一九三〇，民國十九年）。但似乎以昭和元年的可能性較高，因為根據後來《臺灣文獻》的〈臺灣詩社座談會紀錄〉關於基隆詩社部分，耆老們指出網珊吟社成立後，月曜吟社、晶社成立〔註29〕，而月曜吟社時間自然不可能早於網珊吟社，而網珊吟社社員之一顏受謙由於與李燦煌意見相左，乃脫離網珊吟社，於昭和元年另立復旦吟社。故網珊吟社的成立時間當以昭和元年可能性較高。

〔註28〕陳其寅：《懷德樓文稿》卷八，（基隆市文化基金會出版，民國八十一年七月），頁 356～357。

〔註29〕根據臺北市文獻委員會：〈臺灣詩社座談會紀錄〉，（《臺北文獻》季刊（直字一二二期，民國八十六年十二月），頁2～頁35 的說法：小鳴吟社結束後為網珊吟社，網珊吟社後又分裂為復旦吟社、月曜吟社、晶社。

　　至於網珊吟社的成立時間與成員，根據《懷德樓文稿》云：「民國十九年。為張一鴻、李春霖及陳凌碧女士等，創立網珊吟社，因主持人李春霖染肺疾早世，年僅二十四，遂停頓不振。〔註30〕」網珊吟社的社長為李春霖〔註31〕，主要成員為李春霖、陳凌碧、張鶴年、簡穆如等〔註32〕。李春霖乃本市前輩漢學家李碩卿之長子，家學淵源，才華洋溢，不遜其父，惜染肺疾早逝（年僅二十四歲），社務猶如曇花一現。由於網珊吟社營運時間短暫，除留下該詩社個人的詩作外，幾無出版任何刊物詩集。

　　查閱詩報僅得以下資料，以還原網珊吟社資料：

時　間	期　號	詩　題	詞宗	被刊登者姓名
昭和七年一月十五日	二十八號（頁六）	網珊吟社（擊鉢錄）　鄉夢（招待天籟吟社社友擊鉢錄）	左詞宗曾笑雲　右詞宗張一泓	張一泓、張鶴年、簡穆如、盧懋清、碧沖、鄭華林、吳紈秋、李紹蓮、李春霖、曾笑雲、黃景岳、秋客、李嘯峰、白鷗、白菊。

　　由上可知《詩報》所刊載網珊吟社資料幾乎付之闕如，另外，在《鐘亭集》亦有一段關於網珊吟社與鐘亭的資料，茲錄於下：

　　　　基隆網珊吟社及鐘亭聯合主催吟會，去新曆二月十三日，適社員李紹唐氏之令堂太孺人六秩晉一，設悅佳辰，受招待即假其義方居為會場，賓主四十餘名，午後二時起敲詩首唱「雞黍」約七絕支韻，次唱詩鐘「燈市」（鳳頂格）五時交卷，詞宗李石鯨、王子清、陳萬蕘、周野鶴，選取後開筵榜。發蕭醉嘯張一泓、王子清、張一泓掄元，由寄附者李建興、張鶴年、楊靜淵分與贈品，至十時各盡歡而散。〔註33〕

〔註30〕陳其寅：《懷德樓文稿》卷八，（基隆市文化基金會出版，民國八十一年七月），頁360。

〔註31〕李春霖，字鐵雲，為基隆市名詩人李碩卿長公子，幼承庭訓，家學淵源，為詩鏗鏘有力，名震坫壇，揚詩教，旋染肺疾早逝，年僅二十四，顏回命短，時人惜之。

〔註32〕丘逢甲：《嶺雲海日樓詩鈔》，（臺北臺灣銀行經濟研究室，臺灣文獻叢刊第70種，民國四十九年八月初版），頁94，所云網珊吟社主要成員為周步蟾、李碩卿等人。

〔註33〕張添進：《破浪吟草》，（基隆市立文化中心，民國九十年十月初版），頁188。張添進先生別集《鐘亭集》為手稿，主要載於重刊版《破浪吟草》內。依上述記載推為庚午年古元宵（昭和五年二月十六日，一九三〇）。

由上述資料可知昭和六年至昭和七年間，網珊吟社仍有活動；《鐘亭集》裡則記錄鐘亭與他社吟友往來情形，亦見網珊吟社與鐘亭之集會，時間為昭和五年二月十六日，而《詩報》所載的網珊吟社與天籟吟社社友的擊鉢錄，則為昭和七年一月十五日。因而推論在昭和五年至七年間，網珊吟社仍有運作。

關於網珊吟社社長李春霖之詩作，現今幾乎已亡佚，但查閱《三六九小報》裡出現為數不少網珊吟社社長李春霖的詩作，可補文獻之缺。另外，網珊吟社乃因社長逝世後，結束運作。今將所《三六九小報》所載李春霖之資料，記錄於下，以茲參照，試論網珊吟社的運作。

時　間	詩　題	作　者
昭和六年二月十三日（第四十六號）	詠寄廬四君子贈主人一枝詞兄	李春霖
昭和六年三月二十六日（第五十九號）	感作敬步校長葉紹曾先生憶京華韻二首	李春霖
昭和六年四月九日（第六十三號）	感作再疊校長葉紹曾先生憶京華韻	李春霖
昭和六年七月十六日（第九十二號）	南京錢漢祥同學以書懷詩索和依韻奉答	李春霖
昭和七年一月十六日（第百四十五號）	五疊原韻酬雪崖君	竹朋 李春霖
昭和七年六月六日（第百八十七號）	詩題缺漏、劍潭懷古、哭李紹蓮、踏青	李春霖
昭和七年七月三日（第百九十五號）	尊五先生以六一自儔詩索和謹依原韻奉答	超農 李春霖
昭和七年九月十三日（第二百十六號）	旅懷	李春霖
昭和七年十月二十三日（第二百二十八號）	病中柯子村詞兄見訪有作、秋日寄謝尊五老丈、病作	李春霖
昭和八年五月二十六日（第二百九十二號）	敬和黃溥造先生見貽瑤韻並希□鐵〔註34〕	鐵雲 李春霖
昭和八年五月二十九日（第二百九十三號）	晤紉秋君	李春霖

《三六九小報》上所刊載網珊吟社社長李春霖之詩作，有許多的酬答詩，大部分為與詩人間往來之作。值得注意的是，昭和七年有〈病中柯子村詞兄見訪有作〉、〈病作〉，是否代表李春霖在此段時間已染肺疾，再看其詩作僅收錄至昭和八年五月。而網珊吟社運作，也僅能找出昭和六年至昭和七年的活動紀錄。而李春霖曾於昭和九年七月一日於《詩報》闢有「鯤海鐘聲集」之單元，並自任主編，刊有基隆詩人謝藝兵、簡穆如、張一泓、黃梅生、李石鯨、張鶴年等

〔註34〕□字表模糊，因原文獻為騎縫跨頁處，故無法辨識。

詩畸聯句。而網珊吟社的運作是否與社長李春霖個人身體狀態有關連，值得加以注意。但可以確定的是網珊吟社社長李春霖過逝後，便停止社務運作。

【網珊吟社之基本資料表】

成立時間	昭和元年（一九二六，民國十五年）
結束時間	昭和七年後無活動紀錄。
發起人	張添進等。
社長	李春霖
社址	設於保粹書房內〔註35〕。
活動範圍及地點	基隆郡
主要成員	李燦煌、李春霖、陳凌碧、張一泓、張鶴年、簡穆如、李紹蓮、曾笑雲、黃景岳。
與他社之往來	鐘亭春集（昭和五年二月十六日） 招待天籟吟社社友擊鉢錄（昭和七年）
其他紀要	李春霖為李燦煌之子。

三、基隆詩壇之中堅「復旦吟社」

　　復旦吟社成立的時間主要有兩種說法：一為昭和元年（民國十五年），一為昭和六年（民國二十年）〔註36〕。復旦吟社的創辦人，亦是社長的顏受謙，

〔註35〕根據賴子清：〈古今臺灣詩文社〉（二），（《臺灣文獻》第十一卷三期，民國四十九年），頁2789，所載：「基隆網珊吟社，創自民國十年，初為小鳴吟社，置會場于保粹書房內，同時附組漢學興新會，由會長周步蟾熱心提倡，又得許梓桑、顏雲年二氏多方援助，協力鼓舞，於會場內開夜課，共聘李碩卿講導十數年，吟侶由此造出，基津風雅，賴以不墜。」上述說法認為小鳴吟社為網珊吟社之前身，但是根據《臺灣日日新報》所云，小鳴吟社在顏氏過世後，由瀛社社員決議併入瀛社基隆分部。小鳴吟社結束運作後，是否成為兩分支，一為「瀛社基隆分部」一為「網珊吟社」，值得觀察。上述時間，與所有文獻記載之說法均異。由於保粹書房創立人李燦煌與網珊吟社社長李春霖為父子關係，故網珊吟社活動地點為保粹書房極具參考價值。

〔註36〕根據廖師一瑾：《臺灣詩史》，（臺北文哲出版社，民國八十七年），頁45與賴子清：〈古今臺灣詩文社〉（二），（《臺灣文獻》第十一卷三期，民國四十九年），頁2780，皆言復旦吟社是創立於民國十五年（昭和元年，西元一九二六年）與陳其寅：《懷德樓文稿》卷八，（基隆市文化基金會出版，民國八十一年），頁357所言的日期（創立於民國二十年）不同。但檢閱《詩報》，（國立中央圖書館台灣分館微捲收藏，昭和十一年一月一日，第一二〇號）中刊載相關復旦吟社之十週年活動，林述三、黃笑園、許迺蘭、張一泓等人「祝復旦吟社十週年紀念」之詩作，因此推論，上述說法當以第一說可信度較高。

原本是網珊吟社一員，因與李碩卿意見不合，才脫離網珊吟社，另組「復旦吟社」。而「復旦吟社」與「大同吟社」，從日據時期延至光復後民國五十年代的兩大詩社。復旦吟社參加社員頗多，因此活動範圍涵蓋臺北市、臺北縣及基隆市。

【表：復旦吟社之基本資料表】

成立時間	昭和元年（一九二六，民國十五年）
結束時間	民國五十年左右
發起人	顏受謙
社長	顏受謙
社址	不詳
活動範圍及地點	基隆、臺北
創社之主要成員	詹心正、許子修、林金生、劉福來、沈桂川、王賜美、黃甘棠、藍金輝等。
與他社之往來	復旦吟社成立十週年紀念時，曾邀集他社社友與會，詩題「話雨」，盡興而散，刊載於《詩報》昭和十一年一二○號。
其他紀要	臺灣光復後。每逢五月五日詩人節，復旦吟社與大同吟社，皆於是日舉行擊缽詩會。

四、集保粹書房門下習詩之「月曜吟社」

根據《臺灣省通志稿》所載：「有李石鯨、陳凌碧等，初立網珊吟社；同時石鯨又集保粹書房門下高徒，另立月曜吟社，每星期一，舉行一次擊缽，以指導門下作詩。〔註37〕」查閱《臺灣詩薈》騷壇紀事也可看到月曜吟社的相關紀錄：「月曜吟會（基隆），保粹書房李石鯨氏，板橋人，能詩工文，久寓基津，教授後學。及門之士多屬青年，李氏以臺灣詩風大啟，乃於月曜之夜，集其高足，出題分詠，而又親為指導，不憚勤勞，將來桃李春風，當見英才濟濟也。〔註38〕」以上說法均可得知月曜吟社之成立，乃因保粹書房之教席李碩卿為指導門下習詩，而成立，活動日期為每週一晚上。

〔註37〕臺灣省文獻委員會：《重修臺灣省通志卷十藝文志文學篇》，（南投臺灣省文獻委員會，民國八十六年十二月），頁61。
〔註38〕連雅堂：《臺灣詩薈》，（臺灣省文獻委員會，民國八十一年），頁685。

【月曜吟社之基本資料表】

成立時間	昭和元年左右（一九二六，民國十五年）
結束時間	不詳。
發起人	李燦煌。
社長	李燦煌
活動範圍及地點	基隆郡
主要成員	保粹書房之門生
集會時間	每星期一晚上舉行擊鉢
其他紀要	

五、究詩畸之道、研鑽詩鐘之「鐘亭」

（一）鐘亭之成立與《鐘亭集》所載其會務運作

　　鐘亭，成立的時間為昭和四年（一九二九，民國十八年），現今所存重要資料為鐘亭集（手稿）〔註39〕。《鐘亭集》，為鐘亭整體的組織成員、成立動機、詩作課題，提供了相當珍貴的資料，另外由《詩報》、《三六九小報》逐步梳理出鐘亭之資料，可以輔助還原當時鐘亭之社務面貌。鐘亭首次集會紀錄如下：

> 黃梅生、張一泓、周士衡、蔡清揚、張鶴年、楊靜淵等者，番為研
> 鑽詩鐘目的爰組織一鐘亭。會員輪流值東、月課，題已於紀元節日
> 午後一時，在雙溪觀瓶居開發會式，會員全部出席，外有來賓數名，
> 一同撮影後，繼開擊鉢吟，首唱詩畸鐘亭（魁斗格），次唱詩題探春
> （麻韻），四時交卷，各得三十餘首，錄呈詞宗評選發榜後，移入吟
> 宴，至更闌盡歡而散。昭和四年二月十二日。〔註40〕

鐘亭創社的動機及目的為「研鑽詩鐘」，究詩畸之道。主要發起人為黃梅生、張一泓、周士衡、蔡清揚、張鶴年、楊靜淵。成立的時間為昭和四年二月十二日，第一次開會的首唱為詩畸鐘亭（魁斗格），次唱詩題探春（麻韻），地點則在雙溪的觀瓶居。另外，張一泓在鐘亭集小引裡，也提到鐘亭集會的內容，茲錄於下：

〔註39〕張添進：《破浪吟草》，（基隆市立文化中心，民國九十年十月初版），頁188。
　　　　《鐘亭集》為鐘亭社長張添進之手稿，主要刊於重刊《破浪吟草》內。
〔註40〕張添進：《破浪吟草》，（基隆市立文化中心，民國九十年十月初版），頁187。

己巳春，遂與故知梅生、野鶴、子洵、鶴年、靜淵諸兄創鐘亭之會，

究詩畸之道。兩月課一題，開年集一次。〔註41〕

由上可推知鐘亭集會的頻率，為兩月作一課題，一年例行集會一次。而這段記載為辛未（昭和六年）燈節時，張一泓於基津南瑞樓下所記。另根據《鐘亭集》所存之資料將歷來鐘亭課題及擊鉢錄之資料，製表列於下，以觀其發展。

【鐘亭集會課題】	值東者	課　題	詞　宗	參與者名次
鐘亭第一期課題	黃梅生	國梅（魁斗格）	張筑客	一 生才、二 一泓、三 紹蓮、四 鶴年、五 鶴年、六 梅生、七 鶴年、八 一泓、九 生才、十 野鶴、十一 皇之、十二 重熙、十三 紹蓮、十四 靜淵、十五 重熙。
鐘亭第二期課題	張一泓	珠潭（鶴頂格）	黃春潮	一重熙、二紹蓮、三一泓、四一泓、五靜淵、六重熙、七鶴年、八靜淵、九一泓、十鶴年、十一惜水、十二惜水、十三子彭、十四鷗盟、十五子彭。
鐘亭第三期課題	周野鶴	鯉幟（晦明格）	左 魏潤菴 右 林述三	左一右五 一泓、右一左十 一泓、左二右三 一泓、右二 野鶴、左三右九 鶴年、左四右十六 野鶴、右四左五 梅生、左六右十九 鶴年、右六左七 一泓、右七左十二 鶴年、左八右十五 野鶴、右八 鶴年、左九 一泓、右十左十一 野鶴。
鐘亭第四期課題	蔡子洵	竹、妒婦（分詠格）	陳蒿蓁	一 鶴年、二 紹蓮、三 紹蓮、四 子洵、五 一泓、六 一泓、七 靜淵、八 野鶴、九 一泓、十 梅生、十一 重熙、十二 子洵、十三 鶴年、十四 靜淵、十五 惜水。
鐘亭第五期課題	張鶴年	遼東豕（碎錦格）	左 李石鯨 右 何雲儒	左一右四 鶴年、右一左三 碧醇、左二右三 野鶴、右二左十九 野鶴、左四右六 野鶴、左五右十八 紹蓮、右五 梅生、左六右十九 重熙、左七 靜淵、右七 鶴年、左八右十七 紹蓮、右八紹蓮、左九 梅生、右九左十 鶴年、右十 野鶴。
鐘亭第六期課題	楊靜淵	深醉（蟬聯格）	洪鐵濤	一 鶴年、二 竹修、三 竹修、四 紹蓮、五 一泓、六 紹蓮、七 鶴年、八 春霖、九 生才、十 梅生、十一 野鶴、十二 生才、十三 重熙、十四 鶴年、十五 一泓。
鐘亭第七期課題	黃梅生	海邊巖（鼎足格）	張純甫	一 鶴年、二 靜淵、三 野鶴、四 一泓、五 紹蓮、六 野鶴、七 靜淵、八 重熙、九 野鶴、十 紹蓮、十一 紹蓮、十二 惜水、十三 子彭、十四 文瑤、十五 寄漁。

〔註41〕張添進：《破浪吟草》，（基隆市立文化中心，民國九十年十月初版），頁133。

鐘亭第八期課題	張一泓	笑皮（蜂腰格）	左　莊瓔民 右　張筑客	左一右十三　一泓、右一左四　鶴年、左二右六　紹蓮、右四左七　梅生、左五　紹蓮、右五左廿　靜淵、左六　一泓、右七　野鶴、左八右十五　一泓、右八左十　鶴年、左九　鐵虬、右十　子彭。
鐘亭第九期課題	周野鶴	心畫（鷺拳格）	左　蘇櫻村 右　鄭坤五	左一右十五　鶴年、右一左五　一泓、右二左廿六　野鶴、左四左卅二　鶴年、右五　鶴年、左六　靜淵、右六　野鶴、左七　伸金、右七左十一　野鶴、右八左卅　鐵虬、右九　鶴年、左十右卅一　一泓、右十左十六　一泓。
鐘亭第十期課題	張鶴年	焦點（鳶肩格）	左　黃贊鈞 右　葉文樞	左一右五　靜淵、右一　春霖、左二　野鶴、右二　一泓、左三　一泓、右三左廿二　鶴年、左四右十一　鶴年、右四左十九　鶴年、左五　紹蓮、左六右廿五　紹蓮、左七右十九　鐵虬、右七　鶴年、左八右十六　野鶴、右八左九　鶴年、右九　鶴年、左十　子彭、右十　秉炎。〔註42〕
鐘亭第十一期課題	楊靜淵	楊震、羊（分詠格）	左　張筑客 右　杜仰山	左一右十四　達修、右一左四　鶴年、左二　莫卿、右二左五　紹蓮、左三　炯菴、右三左七　達修、右四　雲濤、右五　一塵、左六　鶴年、右六　梅生、左七　鶴年、左八　雲濤、右八左十鶴年、左九　石奇、右九左十八　炯菴、左右十一　文虎、左十二　子彭、右十二　夢鷗、左十三　挺魯、右十三　野鶴、左十四　鐵虬、左十五右十八　醒鶴、右十五　鐵虬、左十六　達修、右十六　晁傳、左十七　春霖、右十七　半惺、左十九　江波、右十九　竹朋、左二十　文虎、右二十　守梅。
鐘亭第十二期課題	黃梅生	鐵骨冰魂（睡珠格）	張筑客	一　士衡、二　梅生、三　一泓、四　梅生、五　士衡、六　一泓、七　鐵虬、八　鐵虬、九　士衡、十一　一泓（湘痕）。

茲將鐘亭集中所收之擊鉢錄資料，製表錄於下：

【鐘亭擊鉢錄】	時　間	地　點	詩　題	詞　宗	參與者及名次
鐘亭初春集鉢錄	己巳年春（昭和四年二月十一日）	雙溪一泓寓	鐘亭（魁斗格）	周野鶴 張鶴年	左一右七　一泓、右一　靜淵、左二　子淘、右二左避　野鶴、左三　一泓、右三左避　野鶴、左四右避　鶴年、右四　梅生、左右五　子

詩集	時間	地點	詩題	詞宗	名次
					淘、左六右避 鶴年、右六左避 野鶴、左七 文瑤、左八右九 醉嘯、右八 席珍、左九 一泓、左右十 靜淵。
鐘亭秋集擊鉢錄【來賓：顏德輝來訪】	己巳年重陽前二日（昭和四年十月二十日）	平溪閒雲居	煙聖（雁足格）	左 顏德輝 右 張鶴年	左一右避 鶴年、右一左二 一泓、右二左四 野鶴、左三右六 子淘、右三左六 梅生、左四 子淘、左五右八 惜水、右五左避 德輝、左七右避 鶴年、右七 野鶴、左八右十 靜淵、左九 子淘、右九 靜淵、左十右避 鶴年。
鐘亭春集擊鉢錄【與網珊吟社聯合主催吟會】	庚午年古元宵（昭和五年二月十六日）	梅生寓（并祝社員紹唐君令堂六一壽誕）	燈市（鶴頂格）〔註43〕	左 陳菁薐 右 周野鶴	左一 子清、右一左八 一泓、左二右五 鶴年、右二十六 子淘、左三 石鯨、右三十五 春霖、左四右避 野鶴、左四左十二 靜淵、左五右十 石鯨、左六 石鯨、右六 愚谷、左七右十三 醉嘯、右七 子淘、右八左十 建和、左九 子澄、右九左十一 一泓。
鐘亭春集擊鉢錄【與松社聯合主催吟會】	辛未年（昭和六年元月十三日）	松山梅生寓	冷梅（八叉格）	左 張純甫 右 周士衡	左一右十五 一泓、右一左八 清揚、左二右卅三 鐵虯、右二左三 靜淵、右三左四 一泓、右四左五 鶴年、右五左廿 鐵虯、左六右十二 清揚、右六左避 純甫、左七右廿一 克恭、右七左九 華林、右八左廿三 友鶴、右九左十七 靜淵、左十右十八 碧醇、右十左十六 友蘭。
壯棄齋詩畸	不詳	不詳	三暖（鶴膝格）	左 魏潤菴 右 李石鯨（主催者張一泓）	左一右五 一泓、右一左八 一泓、左二右廿五 野鶴、右二左十三 子淘、左三右廿五 野鶴、右三左廿七 靜淵、左四 春壬、右四 木泉、左五右十七 靜淵、左六右八 子淘、右六 矐仙、左七右十一 席珍、右

〔註43〕此次吟會首唱詩題雞黍（七絕、支韻）。

					七　席珍、左九　賓萌、右九　子淘、左十右十三　皇之、右十左二十　醉嘯。
紅菜庵詩畸錄	不詳	不詳	紅甲（燕頷格）	張純甫（主催者蔡子淘）	一　鶴年、二　一泓、三　一泓、四　一泓、五　鶴年、六　野鶴、七　野鶴、八　皇之、九　靜淵、十　鶴年、十一　守迂、十二　景文、十三　席珍、十四皇之、十五　定禪。
香草廬詩畸錄	不詳	不詳	詩狂（魁斗格）	蔡天弧（主催者楊靜淵）	一　一泓、二　一泓、三　鶴年、四　生才、五　一泓、六　竹修、七　紹蓮、八　靜淵、九　竹修、十　竹修、十一　竹修、十二　靜淵、十三　靜淵、十四　紹蓮、十五　皇之。
醉嘯居詩畸錄	庚午春	雙溪（水秀寅）	春酒（鳧脛格）	左　張鶴年　右　張一泓	左一右三　野鶴、右一左十二　春霖（竹朋）左二右五　石鯨、右二左避　鶴年、左三右四　野鶴、左四　繼參、左五右十五　石鯨、左六右十三　石鯨、右六左九　野鶴、左七右避　一泓、右七左十三　野鶴、左八　繼參、右八　春霖、右九左十五　春霖、左十　席珍、右十左十四　春霖。
鐘亭春集擊鉢錄	己巳年	不詳	探春（麻韻）	左　蔡子淘　右　楊靜淵	左一右二　野鶴、右一左二　鶴年、左三右五　醉嘯、右三左六　席珍、左四右七　一泓、左四右避　子淘、左五右避　靜淵、右六　一泓。
鐘亭春集擊鉢錄	己巳年	不詳	石室（庚韻）	左　蔡子淘　右　楊靜淵	左一右三　鶴年、右一左二　鐵虬、右二左九　野鶴、左三右十　秩眉、左四右避　靜淵、右四左七　頓遜、左五右八　守梅、右五左避　子淘、左六右七　梅生。

（二）《三六九小報》所載鐘亭之活動

時　間	詩社	詩題	詞宗	詩作及詩人（含名次）
昭和六年二月二十六日（第五十號）	鐘亭	春酒（鳧脛格）	左 張鶴年 右 張一泓	莫笑文君當酒肆，可憐武后亂春宮。（左一右三 周士衡）
				折卷已虛良酒媼，攤箋長頌古春王。（右一左十二 李春霖）
				公子深情鐘酒婦，素王大義記春秋。（左二右五 李璞亭）
				于飛蝴蝶迷春夢，睨側螟蛉笑酒狂。（右二 張鶴年）
				漢高偉度封春社，殷紂荒淫治酒池。（左三右四 周野鶴）
				雨霑小草逢春茂，風蕩群花入酒香。（左四 黃繼參）
				東風萬里陽春腳，舊雨終宵絮酒心。（左五右十五 李璞亭）
				願作醉翁居酒國，更同詩客上春臺。（左六右十五 李璞亭）
				甚欲幾杯行酒令，不知一尺是春泥。（右六左九 李春霖）
				嗜飲步兵為酒賊，行歌學士悟春婆。（左七 張一泓）
				只合逃禪居酒國，不須遣興人春城。（右七左十三 周野鶴）
				王維心曠三春景，李白才高斗酒吟。（左八 黃昆榮）
				不隨杜甫遊春郭，願效劉邦臥酒家。（右八 李竹朋）
				落梅有女興春思，折柳離人已酒酣。（右九 李竹朋）
				柳巷停驂憐酒綠，花溪倚櫂賞春風。（右十 許柱珠）
				莫笑今朝稱酒聖，應知當日作春官。（右十左十四 閒雲）
昭和六年三月九日（第五十四號）	鐘亭	焦點（鳶肩格）	左 黃贊鈞 右 葉文樞	喜有焦琴彈夜月，愧無點墨寫秋風。（左一右五 楊靜淵）
				何忍焦勞形役我，誰甘點化道傳人。（右一 李春霖）
				救急焦頭尊上客，問安點額喜多孫。（左二 周野鶴）
				任是點睛能破壁，若非焦尾孰憐才。（右二 張一泓）

<table>
<tr><td></td><td></td><td></td><td></td><td>不加點竄推任昉，能辨焦餘只蔡邕。（右三　張一泓）</td></tr>
<tr><td></td><td></td><td></td><td></td><td>爨下焦桐同賞日，爐中點雪欲融時。（右三左廿三　子彭）</td></tr>
<tr><td></td><td></td><td></td><td></td><td>燕飲焦頭為上客，梅妝點額說佳人。（左四右十一　張鶴年）</td></tr>
<tr><td></td><td></td><td></td><td></td><td>枉費焦心營兔窟，深慚點額過龍門。（右四左十九　張鶴年）</td></tr>
<tr><td></td><td></td><td></td><td></td><td>能耐焦勞堪大任，不加點綴自成章。（左五　李紹蓮）</td></tr>
<tr><td></td><td></td><td></td><td></td><td>居家點檢須存孝，為國焦勞欲效忠。（左六右廿五　李紹蓮）</td></tr>
<tr><td></td><td></td><td></td><td></td><td>憑空點石金能化，滿地焦灰玉亦焚。（左七右十九　李紹蓮）</td></tr>
<tr><td></td><td></td><td></td><td></td><td>喻引焦螟唯列子，文如點鬼詔楊公。（左七右十九　張飲紅）</td></tr>
<tr><td></td><td></td><td></td><td></td><td>盤據點蒼多醜類，從征焦穫奏膚功。（右七　碧沖）</td></tr>
<tr><td></td><td></td><td></td><td></td><td>已罷焦心望虎榜，誰教點頭額上龍。（左八右十六　周野鶴）</td></tr>
<tr><td></td><td></td><td></td><td></td><td>問安點額聽說法，人彈焦尾熟憐才。（右八左九　子彭）</td></tr>
<tr><td></td><td></td><td></td><td></td><td>石解點頭聽說法，人彈焦尾熟憐才。（右九　碧沖）</td></tr>
<tr><td></td><td></td><td></td><td></td><td>揮毫點出梅千樹，糊口焦勞筆一枝。（左十　徵壽）</td></tr>
<tr><td></td><td></td><td></td><td></td><td>何用焦心嗟待兔，空憐點額不成龍。（右十左廿九　李竹朋）</td></tr>
</table>

（三）《詩報》所載鐘亭之集會

時　間	期　號	詩　題	詞　宗	被刊登者姓名
昭和六年七月十五日	十六號（頁九）	石室	左詞宗　蔡清揚 右詞宗　楊靜淵	鶴年、碧醇、野鶴、秩眉、靜淵、一泓、守梅、清揚、梅生、定禪、杏仙、潤卿。
昭和六年十一月一日	二十三號（頁十三）	南念（鳧脛格）	左詞宗　周士衡 右詞宗　張一泓	子淘、野鶴、吞雲、碧醇、士衡、一泓、天忱、子彭、定禪、逸初、秩眉、閒雲、香嚴、素秋。

（四）鐘亭之組織結構

1、社長 張一泓〔註44〕

觀鐘亭集可觀鐘亭基本之組織結構，首先社長為張添進（一泓），其自述曰：

> 歲丁卯冬十一月，予歸自大陸，感江山如故，人事已非，袪服倡門，鳴鞭酒肆，於邑寡歡者年餘，乃僦居郡下雙溪村，持籌學賈，無如結習未除，幽懷莫遣，己巳春，遂與故知梅生、野鶴、子洵、鶴年、靜淵諸兄創鐘亭之會，究詩畸之道。兩月課一題，開年集一次。

張添進自大陸歸來後，居基隆郡之雙溪村，為遣胸中作詩之情致，乃於己巳春（昭和四年，一九二九）與故知黃梅生等人創鐘亭。而張添進為基隆重要的詩人，除了擔任鐘亭社長，另於昭和六年擔任大同吟社發起人，並擔任社長一職，也任當時《詩報》編輯十餘年。

2、社員

由於現今文獻及基隆市志並無提及關於鐘亭社員資料，僅能將《鐘亭集》、《詩報》、《三六九小報》所提及之與會名單作一初步還原動作，但由於涉及當時基隆地區詩人多參加一個以上的詩社，究竟是各詩社間來訪聯吟〔註45〕，亦或是詩人同時參加各詩社，均無資料可以證實確切的名單，僅能試著勾勒其輪廓。

其中確定鐘亭主要社員有：黃梅生、張一泓、周士衡、蔡清揚、張鶴年、楊靜淵、李紹唐。

〔註44〕基隆市政府：《基隆市志 人物志 列傳篇》，（基隆市立中化中心，民國九十年七月），頁37：「張添進，字一鴻，號一泓，世居草店尾街。少孤，賴伯父達源教養成立。性瀟灑，具倜儻才，宜蘭陳茂才子經，妻以長女。添進初供職於臺灣銀行，每以臺灣孤寄海外，在異族統治下，未得舒情抱，拓心胸為憾。民國九年渡日本，轉淞滬，溯長江，泛瀟湘，謁黃興、蔡松坡墓，歸羈蘇杭，流連西湖，覽勝寄懷，著《破浪吟草》一卷付梓。添進詩宗玉谿，富麗蘊藉，構二酉草堂於曲水巷，與騷朋往還，唱和無虛日。任《詩報》編輯十餘年。晚歲境遇迍邅，杜門嘯臥，蕭然自得。民國四十二年卒，年五十六。子春熙曾任基隆市長。」
〔註45〕各吟社聯吟僅存社長記網珊吟社與松社之來訪，其餘不詳。

（五）鐘亭之文學活動

1、社內活動

關於鐘亭社內活動情形，可參表二至表四，筆者試著由表格將鐘亭活動的時間、地點、事由、值東者、詩題、參與活動之詩人名單作一初步的釐清與整理。至於鐘亭活動的時間，可由上述資料推知從詩社成立之初之昭和四年至昭和六年都有陸續舉辦相關活動，鐘亭集會之頻率為「兩月課一題，開年集一次。」但昭和七年後，所有文獻都無記載鐘亭之活動。由於鐘亭之社長張添進，另於昭和六年創大同吟社，並擔任社長一職，而鐘亭之主要社員均與大同吟社社員重疊，且觀《詩報》所載之大同吟社創社之初的活動，也與鐘亭重疊。故筆者認為鐘亭極有可能因為大同吟社之成立，而逐漸停止社務運作，所有社員乃轉至大同吟社繼續參與活動。

2、聚會地點

所有文獻資料都未提及鐘亭的社址，但觀上述的資料，可以發現集會的地點多以社員的住宅為活動場所。鐘亭第一次集會之地點「雙溪觀瓶居」，為社長張一泓之寓所。昭和五年二月十六日的鐘亭春集，在社員黃梅生松山寓。昭和六年，鐘亭春集亦在社員黃梅生松山寓。另外，昭和四年十月二十日，鐘亭秋集則在平溪閒雲居，昭和五年庚午春在雙溪水秀寓亦有集會〔註46〕。

3、集會事由

而鐘亭集會主要為「月課」、「年集」為主，集會頻率為「兩月課一題，開年集一次。」，其中鐘亭集會，而外地詩友來訪之活動，僅能得知，於昭和四年十月二十日的顏德輝來訪，集會的地點為平溪閒雲居。會中顏德輝並擔任左詞宗，參與詩作評選。

另外，與他社聯吟主催之活動有兩次：一次是鐘亭春集與網珊吟社聯合主催吟會，時間為昭和五年二月十六日，地點為社員黃梅生寓，詩題為燈市（鶴頂格）。另一次則是昭和六年元月十三日，與松社聯合主催吟會，地點亦為社員黃梅生寓，詩題為冷梅（八叉格），此次擔任左詞宗者為當時名士張純甫。

為觀鐘亭整體的運作，筆者試著將其製作一簡表，方便考察其活動。

〔註46〕無法得知閒雲居及水秀寓是否為社員之住宅。

【鐘亭之基本資料表】

成立時間	昭和四年（一九二九，民國十八年）
結束時間	昭和六年後無鐘亭活動紀錄。
發起人	黃梅生、張一泓、周士衡、蔡清揚、張鶴年、楊靜淵、李紹唐。
社長	張一泓
曾任詞宗者	魏潤菴、林述三、李石鯨、何雲儒、陳蒿蕘、洪鐵濤、蘇櫻村、鄭坤五、黃贊鈞、葉文樞、張純甫、杜仰山、周士衡、張鶴年、顏德輝、張鶴年、蔡清揚、楊靜淵。張一泓。
活動範圍及地點	基隆郡（雙溪）松山、平溪。
主要成員	黃梅生、張一泓、周士衡、蔡清揚、張鶴年、楊靜淵、李紹唐。
集會事由	以「月課」、「年集」為主。
其他紀要	成立之主要目的 研鑽詩鐘，究詩畸之道。 重要刊物 社長張一泓所存之主要著作有：《鐘亭集》（手稿）《壯棄齋吟稿》（手稿）《破浪吟草》。

六、廖藏奎所立之「晶社」

　　晶社之資料，根據《臺灣省通志稿 學藝志 文學篇》中提到：「許迺蘭、顏受謙、廖藏奎等，後先奮起，十八年許邀張一泓等創立大同吟社，顏立復旦吟社，廖立晶社，分庭抗禮，稱盛一時。〔註47〕」從上可推知，晶社的發起人為廖藏奎，成立時間則於昭和四年（一九二九，民國十八年）。

【晶社之基本資料表】

成立時間	昭和四年（一九二九，民國十八年）
結束時間	不詳
發起人	廖藏奎
社長	不詳
活動範圍及地點	基隆郡
主要成員	廖藏奎等。
與他社之往來	不詳。
其他紀要	

〔註47〕臺灣省文獻委員會：《重修臺灣省通志卷十藝文志文學篇》，（南投臺灣省文獻委員會，民國八十六年十二月），頁61。

七、雅好吟詩之華僑所組的「華僑鄞江吟社」

華僑鄞江吟社原非僅屬於基隆之詩社。昭和六年（一九三一）寓居基隆市之華僑李紹蓮、黃景岳等，創立「華僑鄞江吟社」，社員散佈全省，吟社地址設於基隆市黃氏寓所。成員遍及全臺。

日據時期，臺灣設有中國駐臺北總領事館，各地則有「中華會館」。在臺華僑目睹臺灣詩社林立，因而召集雅好吟詩的華僑，自組詩社吟詠，以文會友，便成立詩社。以下收錄《詩報》刊載華僑鄞江吟社之活動：

時　間	期　數	詩　社	詩　題	詞　宗	被刊登者
昭和六年五月一日（西元一九三一年）	十一號（頁九）	鄞江吟社	酒樓	李樸亭先生	景岳、竹朋、秉炎、潤玉、種人、笑鶯、承烈、肖嵒。
昭和六年五月十五日	十二號（頁十）	華僑鄞江吟社	春景	左詞宗黃贊鈞右詞宗羅訪樵	左一 吳紉秋、右一 李紹蓮、左二右十三 姓名缺、左二右十六 包少騰、左三 紹蓮、右三 賴六壬、左四 黃景岳、右四左十八 李惠亭、左五 高一枝、右五 吳兆仁、左六右十八 黃景岳、右六左十四 全人、左七 包少騰、右七 李肖嵒、左八右三十一 竹朋、右八 許作良、左十右三十四 景岳、右十 羅訪梅。
昭和六年七月十五日	十六號（頁八）	鄞江吟社	探梅	左詞宗張純甫右詞宗杜仰山	曾繞機、盧夢蘭、高勝宗、盧壽泓、盧春泓、黃景岳、李紹蓮、游子漢、駱子珊、駱鐵花、羅訪梅。
昭和六年八月一日	十七號（頁六）	鄞江吟社	採菱	左詞宗葉文樞右詞宗李石卿	李琼璜、文樞、盧夢蘭、黃品璋、游象新、李紹蓮、鄭水田、黃景岳、莊坊池、曾愛蓮、張子敬、游子漢、陳時新、黃振芳、張佐臣、羅訪梅。
昭和六年九月一日	十九號（頁十）	鄞江吟社（課題）	待字姝	左詞宗鄭坤五右詞宗曾笑雲	曾笑雲、羅訪梅、劉香亭、盧纘祥、寧南泪生、許作良、林爾崇、劉冠標、李肖嵒、吳潤玉、耐園、邱碧山。
昭和七年四月十五日	三十三號（頁十六）	鄞江吟社	范蠡泛五湖	左詞宗羅訪樵右詞宗游子仙	子仙、臺中 王竹修、竹山 何鐵峰、華僑 賴六壬、東勢 賴金龍、中壢 彭祝堂、二水 陳劍垣、彰化 張銘鶴、九曲 許成章、楊梅 曾鴻楨、華僑 廖氏辛妹、楊梅 劉文清、豐原 塵海蜘蛛、苗栗 范仁卿。

昭和七年八月十五日	四十一號（頁十一）	鄞江吟社	夏蟲（蟬聯格）	左詞宗周士衡 右詞宗張鶴年	子淘、逸初、野鶴、鶴年、逸且、定禪、春亭、鐵華、吞雲、景岳、閒雲、夢澤。
昭和七年十一月一日	四十六號（頁八）	鄞江吟社（課題）	閨怨	左詞宗李石鯨 右詞宗黃劍青	鄭金江、羅東 林玉鱗、臺中 劉冠標、頭圍 盧續祥、頭圍 葉文樞、基隆 黃景岳、頭圍 游象新、宜蘭 李琮瑝、宜蘭 李紹蘭、頭圍 黃振芳、頭圍 陳茂林、基隆 簡穆如、臺北 葉子宜、基隆 黃種人。

從《詩報》所錄鄞江吟社之活動紀錄，可知鄞江吟社之社員遍佈全臺，事實上鄞江吟社原非基隆原屬之詩社，乃因創社者黃景岳居基隆，而將吟社社址設於基隆後井里黃景岳住處，而名傳基隆，遂為基隆詩友所知。

【表：華僑鄞江吟社之基本資料表】

成立時間	昭和六年（一九三一，民國二十年）
結束時間	不詳
發起人	黃景岳、李紹蓮
社長	不詳
社址	基隆後井里（黃景岳處）
主要成員	華僑詩友
曾任詞宗者	李樸亭、黃贊鈞、羅訪樵、張純甫、杜仰山、葉文樞、李石卿、鄭坤五、曾笑雲、游子仙、周士衡、張鶴年、黃劍青。
其他紀要	活動成員遍及全臺

八、基隆詩壇的中流砥柱「大同吟社」

大同吟社為基隆詩壇的中流砥柱，昭和六年（一九三一，民國廿年）成立於基隆，是基隆詩壇唯一跨越日據時期仍屹立不搖的詩社，日據時期的活動成員幾乎含括了所有在基隆詩壇活動的詩友。茲收錄詩報大同吟社之創社資料於下：

大同吟社，事務所在基隆市新店七七，蔡清揚處，每月開擊鉢吟例會一次。顧問許梓桑。社員（以年齒為序）：陳庭瑞、呂獻圖、蔡景福、王雪樵、陳耀東、劉其淵、黃梅生、林思齊、張一泓、李醉霞、李登瀛、劉明祿、周士衡、蕭水秀、蔡子淘、張文穆、黃景岳、張鶴年、簡銘鐘、杜靄人、何崧甫、王吞雲、杜二陵、楊靜淵、賴照熙、簡穆如、楊子培。又同社於上月（昭

和六年五月）廿四日午後一時起假社員簡銘鐘氏之慰園開會，出席者二十餘名。首唱「筆花」五律。次唱詩畸「慰園」鳳頂格，各得三十餘卷錄交詞宗選畢由值東分贈賞品，各盡歡而散。〔註48〕

　　上述詩報之資料將大同吟社創社之情形及基本成員作出描述。另外，根據《基隆市志》所載，日據時期由許梓桑擔任社長，而昭和二十年（民國三十四年）光復後，許氏逝世後，改由陳其寅接任社長，綜理社務達五十一年之久〔註49〕。大同吟社第二任社長陳其寅於《懷德樓文稿》追憶：「當四十周年之際作者曾賦詩紀念，詩曰：『宏揚詩教慕前賢，四十年來志不遷，忍憶艱虞談往事，卻欣光復見青天。斐亭旨趣情猶在，復社精神老益堅，至幸鷗盟臻白首，相扶文運廓吟緣。〔註50〕』」道出了當大同吟社創社四十年的精神，陳氏為一愛國詩人曾自述道：「吟詩報國。蓋一息尚存。此志不容稍懈也。〔註51〕」將詩人愛國之情志做出最好的說明。

　　另外，根據《詩報》將大同吟社於中所刊載的活動〔註52〕，可發現大同吟社為日據時期基隆地區最為活躍之詩社，從昭和六年至昭和十七年的《詩報》所載，皆未曾中斷過其運作，大同吟社可說是日據時期基隆古典詩壇的中流砥柱。

【表：大同吟社之基本資料表】

成立時間	昭和六年（一九三一，民國廿年）
結束時間	民國九十一年年底
發起人	張添進、劉明祿、蔡清揚、王吞雲
社長	首任社長：許梓桑、第二任社長：陳其寅、第三任社長：陳德潛
西席	李燦煌
社址	事務所在基隆市新店七七，蔡清揚處

〔註48〕《詩報》，昭和六年六月十五日，第十四號。
〔註49〕丘逢甲：《嶺雲海日樓詩鈔》，（臺北臺灣銀行經濟研究室，臺灣文獻叢刊第70種，民國四十九年八月初版），頁92。
〔註50〕陳其寅：《懷德樓文稿》卷八，（基隆市文化基金會出版，民國八十一年七月），頁358～359。
〔註51〕陳其寅：《懷德樓文稿》卷八，（基隆市文化基金會出版，民國八十一年七月），頁359。
〔註52〕由於《詩報》所刊載之大同吟社活動繁多，將另闢章節討論，此處不載其所有活動。

創社時主要成員	陳庭瑞、呂獻圖、蔡景福、王雪樵、陳耀東、劉其淵、黃梅生、林思齊、張一泓、李醉霞、李登瀛、劉明祿、周士衡、蕭水秀、蔡子淘、張文穆、黃景岳、張鶴年、簡銘鐘、杜靄人、何崧甫、王吞雲、杜二陵、楊靜淵、賴照熙、簡穆如、楊子培。
其他紀要	1、自昭和十一年（一九三六）起，大同吟社與貂山、奎山吟社合組鼎社聯吟會。每年分別在基隆、雙溪、九份舉辦一次（四個月舉行一次）。之後變成一年四次（一季一次），增加地點為頭城。 2、出版刊物名稱：《丁未夏季基隆大同吟社擊缽吟錄》（民國五十六年五月下旬）；復刊：民國九十年三月、十一月及九十一年四月舉辦復社後的三次詩會，並出版《大同吟社第一、二、三次詩人聯吟會詩草》。 3、陳其寅社長於民國八十五年十一月下旬羽化登仙後，中間社務停頓近五年，於民國九十年初，再由陳其寅次子陳德潛為第三任社長，繼續推動社務，惜陳德潛於民國九十一年年底赴日任教，暫時結束了大同吟社的運作。 4、民國四十二年及四十九年在基隆市舉辦過兩次全國性詩人大會，盛況空前。民國五十七年，於臺北市、臺北縣、基隆市、宜蘭縣、臺東縣、花蓮縣等地詩社，成立「臺灣東北六縣市詩人聯吟詩會」，至今已逾卅餘載，依舊輪值舉辦盛會。

九、取共同勉勵之意的「同勵吟社」

　　同勵吟社成立時間為昭和八年（一九三三，民國二十二年），結束時間不詳。發起人為王子清，主要成員為王子清等。同勵吟社是漢學家王子清先生等詩人發起，詩人公推王子清擔任社長，成立同勵吟社，取共同勉勵之意。以下收錄《詩報》刊載同勵吟社之活動：

時　間	期　號	詩　題	詞　宗	被刊登者
昭和七年十一月一日	四十六號（頁十六）	來雁	詞宗 蔡清揚	周哲士、杜靄人、王雪樵、陳周萬、王正玉、胡軟、周林隆、陳石養、周哲士。
昭和八年二月一日	五十二號（頁八）	舌鼓	左詞宗 柯子邨 右詞宗 張一泓	子淘、鶴年、藏芝、山房、子邨、春霖、靄人、筱村、崧甫、夢花、吞雲、楊柳、子清、雪樵、杏洲、哲士、景光、紫清。
昭和八年三月十五日	五十五號（頁九）	榕、朱買臣（分詠格）	左詞宗 歐劍窗 右詞宗 廖藏芝	景光、子村、藏芝、鶴年、甘棠、一泓、山房、筱村、子邨、鐵雲、子淘、劍窗、雪樵、子邨、靄人、陳善、耀華、筱邨。
昭和八年七月十五日	六十三號（頁九）	吟虫	左詞宗 黃昆榮 右詞宗 杜靄人	哲士、崧甫、國珍、靄人、昆榮。

另外參照賴子清先生在〈古今臺灣詩文社〉的說法：「民國二十二年春，基隆市及臺北縣人士，倡設同勵吟社，以示共同勉勵之意，社員王子清、劉春亭、何崧甫、簡穆如、周枝萬、李建成、林淇園外數名。〔註53〕」也可以相互推知同勵吟社主要成立的時間與主要成員。試建立同勵吟社之基本資料表於下：

【表：同勵吟社之基本資料表】

成立時間	昭和八年（一九三三，民國二十二年）〔註54〕
結束時間	
發起人	王子清
社長	王子清
活動範圍及地點	基隆（七堵）
主要成員	王子清、劉春亭、何崧甫、簡穆如、周枝萬、李建成、林淇園等。
曾任詞宗者	黃昆榮、杜靄人、歐劍窗、廖藏芝、柯子邨、張一泓、蔡清揚。
其他紀要	同勵吟社乃取其「共同勉勵」之意。

十、大同吟社的另一支生力軍「曉鐘吟社」

曉鐘吟社的成立，有二說：一為昭和六年（一九三一，民國二十年）。另一說為昭和十四年（一九三九，民國二十八年）〔註55〕。發起人為黃昆榮等，

〔註53〕見賴子清：〈古今臺灣詩文社〉（二），（《臺灣文獻》第十一卷三期，民國四十九年），頁2790。

〔註54〕《詩報》，昭和七年十一月一日，第四十六號，已載其活動，所以推測同勵吟社成立時間約為昭和七年至八年間。

〔註55〕關於曉鐘吟社的兩種說法分別為為：陳其寅：《懷德樓文稿》卷八，（基隆市文化基金會出版，民國八十一年），頁358：「曉鐘吟社，係民國廿年前後成立，會員著名者：曾子寮之曾文胎、南榮路之簡銘鐘、草店尾之林成基、羅慶雲等，然式微久矣。」根據上述說法，曉鐘吟社成立的時間為昭和六年（一九三一，民國二十年），而曉鐘吟社主要成員為曾文胎、簡銘鐘、林成基、羅慶雲等。另一種說法，為賴子清：〈古今臺灣詩文社〉（二），（《臺灣文獻》第十一卷三期，民國四十九年），頁2799：「基隆市黃昆榮、黃景岳、張一泓、杜碧嵐、杜毓洲、褚萬定、陳臥雲、張笠雲、杜君謀外數氏，於民國廿八年冬，設立曉鐘吟社、詩畸、律絕詩併課，題有斜雁、西郊鶴頂格、曉鐘魁斗格，且以曉鐘為詩題，蓋為大同吟社之另一支生力軍也。」而根據基隆市政府：《基隆市志 文教志 藝文篇》，（基隆市立中化中心，民國九十二年四月），頁92中所提及的曉鐘吟社，成立時間亦為昭和十四年（一九三九，民國二十八年）與賴子清說法一致，且觀《詩報》的記錄，似乎以第二說較為可信。

主要成員為黃昆榮、黃景岳、張一泓等。曉鐘吟社，實乃大同吟社的另一支生力軍。觀其成員：黃昆榮、黃景岳、張一泓、杜碧嵐、杜毓洲、褚萬定、陳臥雲、張笠雲、杜君謀等，有大半是大同吟社的主要幹部，他們於民國二十八年冬，另行創立「曉鐘吟社」。經常舉辦擊缽吟，有詩畸、律絕詩併課，題有西郊鶴頂格、曉鐘魁斗格，且以「曉鐘」為詩題。

以下為《詩報》所刊載曉鐘吟社活動：

時　間	期　號	詩　題	詞　宗	被刊登者
昭和十五年一月一日	二一五號（頁二十一）	西郊（鶴頂格）	左詞宗 黃昆榮 右詞宗 黃景岳	杜碧嵐、杜毓洲、褚萬定、陳臥雲、毓洲、萬定、笠雲、蔚庭、簑客。
昭和十五年一月二十三日	二一六號（頁九）	曉鐘（課題）	左詞宗 張一泓 右詞宗 黃景岳	笠雲、子忠、昆榮、曉郭、十菊、秋陽、藝秋、子忠、蔚庭、鯨聲、鄉下人。
昭和十五年二月五日	二一七號（頁十五）	曉鐘（魁斗格）	左詞宗 一泓 右詞宗 景岳	笠雲、十菊、景岳、捏生、碧嵐、君謀、昆榮、蔚庭、藝秋、鄉下人。

【表：曉鐘吟社之基本資料表】

成立時間	昭和十四年（一九三九，民國二十八年）
活動時間	僅見於昭和十五年詩報
發起人	黃昆榮
社長	不詳
活動範圍及地點	基隆郡
主要成員	黃昆榮、黃景岳、張一泓、杜碧嵐、杜毓洲、褚萬定、陳臥雲、張笠雲、杜君謀
活動方式	擊缽吟（以詩畸為主）
其他紀要	成員大都為大同吟社的主要幹部。

十一、大武崙詩學會

成立結束時間不詳，發起人不詳，主要活動為昭和十六年詩報所載。主要成員為：黃昆榮、程聖坤、闕志英、陳新丁、周金柱、柯文獻、葉秉夷、黃振義、郭壽乾、楊火城、林子英等人。

時　間	期　號	名　稱	詩　題	詞　宗	被刊登者姓名
昭和十六年六月二十二日	二五〇號（頁十九）	大武崙詩學研究會	弄璋	左詞宗 郭壽乾 右詞宗 黃昆榮	程聖坤、闕志英、陳新丁、黃昆榮、周金柱、柯文獻、葉秉夷。
昭和十六年十二月十七日	二六二號（頁十）	大武崙詩學研究會	鷺鷗盟	左詞宗 黃昆榮 右詞宗 郭壽乾	黃振義、闕志英、柯文獻、郭壽乾、黃昆榮、楊火城、程聖坤、林子英、陳新丁、葉秉夷。

【表：大武崙詩學研究會之基本資料表】

成立時間	不詳
活動時間	僅見於昭和十六年詩報
發起人	不詳
社長	不詳
活動範圍及地點	基隆郡
主要成員	程聖坤、闕志英、陳新丁、黃昆榮、周金柱、柯文獻、葉秉夷、黃振義、郭壽乾、楊火城、林子英。
與他社之往來	
其他紀要	黃昆榮，曾於大武寮設絳授徒，大武崙詩學會的成立與否與黃氏有關，由於文獻資料不足尚無法推論。

十二、轂音吟社

　　轂音吟社的文獻資料記載很少，僅有陳其寅所著〈基隆詩壇之今昔〉中曾提到：「轂音吟社，為羅慶雲、李碧山、涂川河等創立，二次大戰期間解散。〔註 56〕」但是考察歷來的文獻資料，《基隆市志》及記載詩人活動的《詩報》都沒有提及基隆成立轂音吟社的相關資料。

【表：轂音吟社之基本資料表】

成立時間	不詳
結束時間	二次大戰期間
發起人	羅慶雲、李碧山、涂川河

〔註56〕陳其寅：《懷德樓文稿》卷八，（基隆市文化基金會出版，民國八十一年七月），頁 359～360 所云：「轂音吟社，為羅慶雲、李碧山、涂川河等創立，二次大戰期間解散。」之後所有資料如：《雨港古今詩選》及《基隆市志》皆依據前大同吟社陳其寅社長的著作為底本。至於賴子清與後來「臺北詩會座談會」均未提及基隆之轂音吟社。

社　長	不詳
活動範圍及地點	基隆郡、松山
主要成員	羅慶雲、李碧山、涂川河等。
與他社之往來	不詳。
其他紀要	

十三、其他與基隆地區相關之詩社──「瀛社」、「鼎社」

（一）雨港詩社之重要推手──臺北「瀛社」

　　日據初期，基隆雖有風雅人士適興催詩，卻無詩社組織。當時基隆顏雲年、許梓桑等，都聯袂加入臺北瀛社。瀛社每年分四季舉開吟會，一季固定於基隆舉行，於是逐漸開啟基隆詩社結社之雛型。當時基隆礦業鉅子顏雲年，雖專務礦業，但因其翰墨因緣，雅好吟詠，加入臺北瀛社，多贊助其活動。顏氏以瀛社社員之名，在其別業「環鏡樓」、「陋園」落成時，廣發請帖，邀全臺之詩人，開全島詩人大會，後禮聘名士張純甫、李燦煌，於大正十年時，成立小鳴吟社，小鳴吟社遂成為基隆詩社之嚆矢。惜小鳴吟社在顏氏過逝後，就結束其運作，經由瀛社社友決議，將其併入成為瀛社基隆分部。而瀛社固定一季於基隆舉行集會活動，仍然持續，足見瀛社與基隆詩發展之密切。以下摘錄張端然《日治時期瀛社之研究》一書裡瀛社於基隆活動之情形，觀瀛社於基隆之活動，以論瀛社與基隆詩社發展關係。

《臺灣日日新報》期號	時　間	地　點	課　題	紀　要
第 3341 號 第 3344 號 第 3347 號 第 3348 號	明治四十二年六月二十七	基隆	1、五月渡臚，限五歌韻。 2、榴花，限一先韻。	值東者為基隆會員，台北相約赴會者共二十餘人。
第 3644 號 第 3650 號	明治四十三年七月二十四日	許梓桑新築廣廈	人地戰浪，不拘體韻。	由基隆與金山之社友合辦此會。
第 4474 號	大正元年十月二十三日、二十四日	基隆顏雲年氏新屋落成（環鏡樓）	1、二十三日下午擊鉢一唱。李白登黃鶴樓，東韻。 2、是夜宴畢，二唱盆松，冬韻。 3、翌早三唱十姊妹花，支韻。	1、顏雲年氏新落成，柬邀全島和詩社詞人。 2、本月二十一日起即開落成宴。 3、二十三日、二十四日開擊鉢吟會，二十三日為正會，二十四日為續會。

				4、台南進士許南英亦由粵歸台，以參加盛會。 5、南社，櫟社、竹社桃園吟社各詞人陳席者頗盛。 6、彙整此次擊鉢三唱，成書名為《環鏡樓唱和集》。
第 4812 號 第 4816 號 第 4824 號	大正二年十一月九日午後	基隆顏雲年家	1、漁燈，七律庚韻。 2、焦尾琴、七絕侵韻。	本次由基隆輪值，除瀛社友外，另外又柬桃社、竹社詞人參加。
第 5083 號 第 5084 號 第 5084 號	大正三年八月九日	基隆（俱樂部）	1、觀潮，（寒韻）。 2、席上聯句，各拈韻字，成柏梁體一首。	由基隆詞友輪值。除例會外，兼為顏雲年洗塵。
第 5346 號 第 5356 號	大正四年五月十六日	基隆顏雲年環鏡樓	1、竹夫人（七絕）。 2、濤聲（七律）。	由基隆吟友值東，並邀桃園吟社吟侶同往。
第 5569 號 第 5572 號 第 5576 號	大正五年一月二日	基隆顏雲年宅	歲寒圖（覃韻）。	本次吟會由基隆值當。
第 5746 號	大正五年六月二十五日	水返腳周再恩、潘炳灼宅	灘音（侵韻）	由基隆吟友值東。
第 6122 號 第 6124 號 第 6125 號	大正六年七月十五日	基隆顏雲年環鏡樓	1、夏雨（虞韻），絕句二首。 2、繩床（陽韻），絕句一首。	本次由基隆方面瀛社友輪值原定十四日，因遇颱風改期於十五日。
第 6485 號 第 6488 號	大正七年七月十三日	基隆公會堂	水簾（鹽韻），絕句二首。	本次由瀛社在基者輪值。
第 6956 號	大正八年十月十六日	基隆顏雲年田寮港新邸	1、富貴花（支韻）。 2、陌園即事，（不拘體、不限韻）。	與會者共二十八人。
第 7282 號 第 7291 號	大正九年九月二十三日	基隆區役場樓上	蓮房（尤韻）。	本期由瀛社基隆吟友值東。
第 7599 號 第 7601 號	大正十年七月二十九日	基隆顏雲年陌園	睡蓮（元韻）七絕。	夏日陌園小集擊鉢吟會由顏雲年主持，出席者大部分是基隆人，由台北前往之瀛社友有六、七人。
第 7601 號	大正十年八月七日	基隆雲泉商會事務所	還俗尼（支韻），每人限定三首。	與會者，賓主合計四十名。

第 7827 號	大正十一年三月十三日	台北市下奎府町顏雲年別邸	春晴（支韻）限，七絕二首。	星社友除瀛社外，桃社、竹社、星社、小鳴吟社均有出惜，席中桃社黃守謙表達月課實行之希望；張純甫代表星社，李碩卿代表小鳴吟社，均表加入瀛社之希望，謝雪漁代表瀛社表示同意，而共同磋商會則。瀛社事務所設於顏雲年北市別邸（即是日開會場所）。
第 8024 號	大正十一年十月四日	基隆高砂樓旗亭	1、待月（江韻）。 2、避債台（歌韻）。	1、本次由許梓桑值東。 2、台北出席者有五人，合基隆吟友共三十參加。
第 8072 號	大正十一年十一月十九日	臺北江山樓旗亭		由基隆小鳴吟會輪值。
第 8248 號 第 8253 號	大正十二年五月十三日	基隆天后宮兩廡	1、撲蝶（魚韻），限五律。 2、酒旗（青韻），限七絕。	此次輪值基隆，此後小鳴吟社詞人全部編入瀛社，並易名為「瀛社基隆分部」。

　　從上述瀛社於基隆的活動，可以發現瀛社及當時瀛社社員與基隆詩壇之關係。瀛社一季例會定於基隆活動，與當時礦業大亨顏雲年有著一定的關係，瀛社於基隆舉行例會的地點，多半為顏雲年之住宅及別業。基隆最早之詩社小鳴吟社，曾擔任瀛社基隆的輪值詩社，小鳴吟社社員幾乎是瀛社基隆社員的翻版，對於開啟基隆一地詩風，臺北瀛社與顏雲年可說是重要推手。而顏氏過世後，小鳴吟社也併入瀛社，另外成立瀛社基隆分部，足見瀛社與基隆詩社的關係密切。而後，基隆地區的詩社便陸續的成立。

（二）取鼎足而三之意而得名的「鼎社」

　　鼎社聯吟會，於昭和十一年十月（一九三六，民國二十五年），由九份奎山吟社、雙溪貂山吟社、基隆大同吟社，三社共同合組而成，取「鼎足而三」之意而得其社名，歷三年。後再加入頭城登瀛吟社，分為四季輪值一次，但社名依舊。二次大戰爆發後，即告中斷。民國七十九年初基隆詩學會、雙溪貂山吟社、宜蘭仰山吟社諸社詩友，共商再締鷗盟，遂恢復舊觀，定每三個月輪辦一次。復會後，由大同吟社舉辦首次聯吟會。迄今仍繼續舉辦鼎社聯吟會。

十四、日據時期基隆古典詩社的特色

　　清代由於臺灣北部發展較遲的緣故，基隆一地尚未有任何詩社的成立，而宣統年間臺北瀛社的成立，使得基隆詩人多參加臺北瀛社，瀛社也成為基隆詩社成立之重要推手。基隆詩社在日據時期可謂異軍突起，從大正年間到昭和年間，基隆地區至少有十二個詩社陸續成立，為基隆一地擔任起延續漢文化的任務。基隆詩人，富有民族思想，固不僅吟哦而已，以及藉吟唱結社，互通訊息，團結力量。大同吟社第二社社長陳其寅曾自述道：「吟詩報國。蓋一息尚存。此志不容稍懈也。〔註57〕」便將基隆詩人的心志做出一番忠實的陳述。鐘亭社長張添進之子張春熙在〈我的父親〉一文裡也提到：「父親把滿腔憂時憂國的悲憤心情，寄懷風月，吟詩諷世。〔註58〕」不管詩人是積極地吟詩報國，或是藉詩歌諷世，均是當時基隆詩社成立的重要因素之一。

　　另外，原保粹書房的負責人李燦煌成立了月曜吟社，以教導學生作詩。而日新書房的負責人陳庭瑞也是當時許多詩社的社員。足可見日據時書房與詩社的確承擔起當時基隆地區文教發展的任務。綜觀日據時期基隆地區的詩社發展，可以歸納出基隆詩社的幾個特色：

（一）詩人多參與一個以上的詩社，形成錯綜複雜之詩社網路

　　日據時期的基隆詩人，多參加一個以上的詩社。觀當時《詩報》所刊載的基隆詩社活動情形，可以發現基隆詩人多參與一個以上詩社活動。以詩人李燦煌為例，既受顏雲年之聘，大正年間擔任小鳴吟社之西席，又另創月曜吟社以指導門下弟子習詩，其子李春霖亦創立網珊吟社，昭和六年，大同吟社成立，又擔任大同吟社之西席。另外，詩人張添進為鐘亭社長，亦為大同吟社的發起人，也是曉鐘吟社的成員之一。從上可以看出，日據時期基隆詩人多參與一個以上的詩社，而基隆不同詩社間，由於參加者常常為同一批詩友，故詩社間彼此多有聯絡，形成錯綜複雜、密不可分的詩社網絡。

（二）書房為詩社發源地

　　保粹書房的負責人李燦煌成立了月曜吟社，以教導門下習詩。同勵吟社王溥亦為書房教席，當時日新書房負責人陳庭瑞亦為當時著名詩人。書房為

〔註57〕陳其寅：《懷德樓文稿》卷八，（基隆市文化基金會出版，民國八十一年七月），頁359。

〔註58〕張添進：《破浪吟草》，（基隆市立文化中心，民國九十年十月初版），頁39。

傳習漢文之場所，書房教席成立詩社以指導門下弟子，切磋詩藝。因此書房成為了詩社發源地。

（三）詩社運作時間大多十分短暫

基隆最早的詩社小鳴吟社成立於大正十年，由於社長顏雲年過逝，大正十二年即併入臺北瀛社，為「瀛社基隆分部」。另外，網珊吟社，由於社長李春霖早逝，因而結束運作。其他的基隆詩社，大多於昭和年間陸續成立，如：曉鐘吟社、韺音吟社、大武崙詩學會等等。但詩社甫成立即遭遇二次世界大戰，因受烽火波及之故，詩社活動時間均十分短暫，多於二次大戰期間結束其運作，基隆詩社，持續到光復後仍有活動的僅有大同吟社及復旦吟社。所以可說日據時期基隆詩社運作的時間大多十分短暫。

（四）顏雲年舉辦全臺詩人大會，遂為全臺詩人大會之濫觴

大正元年（一九一二），基隆礦業大亨顏雲年之邸「環鏡樓」落成，顏氏因而廣邀全臺詩人名士蒞止，舉辦全臺詩人吟宴，後顏氏別業陋園落成，再次廣邀全臺詩人名士集會。此二次詩人大會不但開啟基隆一地之藝文風氣，亦成為全臺詩人大會之濫觴。

第三節　詩社的文學活動

日據時期基隆地區古典詩社，最早成立的是大正十年（一九二一，民國十年）的小鳴吟社，小鳴吟社的創立開啟了基隆地區藝文結社的風氣，之後詩社的成立便與日俱增。從昭和元年起至二次大戰結束前，期間基隆地區成立的詩社有：「網珊吟社」、「復旦吟社」、「月曜吟社」、「鐘亭」、「晶社」、「華僑鄞江吟社」、「大同吟社」、「同勵吟社」、「曉鐘吟社」、「大武崙詩學會」、「韺音吟社」，當時基隆地區有著為數可觀的詩社及詩人，且詩社活動頻繁，因此日據時期可說是基隆地區古典詩發展蓬勃成熟的階段。

基隆地區的詩社成立，可從《基隆市志》及《基隆市文學類資源調查成果報告書》知其梗概，但詳細詩社活動的情形，則必須檢索登載臺灣古典詩的報章刊物來還原資料。

《詩報》為日據時期刊載詩社擊鉢詩及課題為主的刊物。由於昭和年間，全臺詩社林立，擊鉢催詩，吟風大盛。桃社周石輝為刊載全臺詩社吟稿及互

通各社聲氣，於昭和六年四月（一九三一，民國二十年），創立《詩報》，每半月出刊一次。昭和七年十二月改由基隆蔡清揚發行。目前所見的《詩報》是十二年份二百八十六期，涵蓋了昭和六年至昭和十七年的詩社活動。

《詩報》的名譽社長為基隆的士紳許梓桑，編輯為基隆的張添進，發行地是在基隆的仁華活版所，因此《詩報》的發行可說與基隆十分密切，見證了當時基隆詩人在全臺詩壇中十分活躍。

以昭和六年至昭和十七年間《詩報》所載，其間活動的基隆詩社有：「鐘亭」、「網珊吟社」、「大同吟社」、「復旦吟社」、「華僑鄞江吟社」、「同勵吟社」、「曉鐘吟社」、「大武崙詩社」、「奎山吟社」〔註59〕。另外，定期輪辦擊缽詩之詩社，則有「鼎社」，或一年四季中其中定於基隆舉辦之「瀛社」，《詩報》可說是含括了日據時期基隆大多數詩社的活動。

除了詩社的例會活動外，檢閱《詩報》也可以看到基隆詩人自行徵詩，或是舉行小集的情形。通常基隆詩人只要遇到婚、喪、喜、慶及臨別送行、歸來洗塵等等人情之需，會自行舉行徵詩活動。綜上所述，《詩報》可說是將日據時期基隆詩社、詩人文學活動的重要刊物。因此以下將其一一爬梳整理，製成一年表，以重現當時基隆詩社活動之情形。

一、《詩報》所載基隆古典詩刊登年表

以下所整理分析《詩報》所載，基隆地區詩社之文學活動表，起訖時間為昭和六年（一九三一，民國二十年）至昭和十七年（一九四二，民國三十一年），期間十二年。

時　間	期　數	詩社及例會情形	詩題及備註	詞　宗	被刊登者
昭和六年五月一日（西元一九三一年）	十一號（頁九）	鄞江吟社	酒樓	李樸亭先生	一　景岳 二　竹朋 三　同人 四　秉炎 五　潤玉 六　種人

〔註59〕由於基隆地區行政區域多所變革，日據時期奎山吟社的活動範圍，一度隸屬於基隆郡，故此處收錄奎山吟社之活動。而奎山吟社於大戰期間結束運作，後人起而復興，今日已改為瑞芳鎮詩學研究會。

					七　竹朋 八　笑鰲 九　承烈 十　肖崑
昭和六年五月 十五日	十二號 （頁六）	基隆大同吟 社（擊鉢）	春晴	左詞宗 楊靜淵 右詞宗 劉明祿	左一右八　子淘 右一左避　靜淵 左二右六　鶴年 右二左十一　杏仙 左三右五　景岳 右三左六　子彭 左右四　吞雲 左五右九　其淵 左右七　白鷗 左八右避　明祿 左九右十　匯東 左十右十二　逸初
昭和六年五月 十五日	十二號 （頁十）	華僑鄞江吟 社	春景	左詞宗 黃贊鈞 右詞宗 羅訪樵	左一　吳紉秋 右一　李紹蓮 左二右十三　姓名缺 左二右十六　包少騰 左三　紹蓮 右三　賴六壬 左四　黃景岳 右四左十八　李惠亭 左五　高一枝 右五　吳兆仁 左六右十八　黃景岳 右六左十四　仝人 左七　包少騰 右七　李肖崑 左八右三十一　竹朋 右八　許作良 左十右三十四　景岳 右十　羅訪梅。
昭和六年六月 一日	十三號 （頁十）	基隆大同吟 社（擊鉢錄）	細雨	左詞宗 鄭蘊石 右詞宗 莊于喬	左一右二　鶴年 右一　吞雲 左二右避　于喬 左右三　慶紅 左四右五　鶴年 右四左六　景岳 左五右六　子淘 左七右十　子彭

					右七左十　景岳 左八右九　其淵 右八左避　蘊石 左九　碧醇。
昭和六年六月十五日	十四號（頁十三）	大同吟社（詩鐘）	大同（鳳頂格）	左詞宗許梓桑右詞宗黃梅生	左一右二十九　鶴年 右一左十八　鶴年 左二右二一　秩眉 右二左六　守梅 左三右九　香嚴 右三左十九　一泓 左四右三十　璞庵 右四　碧醇 左五右十一　登瀛 右五左九　吞雲 右六左二十七　全人 左七右十　其淵 右七左二十　清揚 左八右避　梅生 左十右二十二　左宜
昭和六年七月一日	十五號（頁十一）	大同吟社（擊鉢錄）	筆花	左詞宗陳庭瑞右詞宗廖宗支	左一右十二　黃師樵 右一左六　鶴年 左二右六　一泓 右二左避　陳庭瑞 左三右四　清揚 右三左十　靜淵 左四右避　廖宗支 左五右十一　王吞雲 右五左七　黃甘棠
昭和六年七月一日	十五號（頁十二）	大同吟社（例會詩畸）	慰園（鶴頂格）【昭和六年六月十五日載：「上月廿四日午後一時起假社員簡銘鐘氏之慰園開會，出席者二十餘名，首唱〈筆花〉五律，次唱詩畸〈慰園〉鳳頂格」，各得三十餘卷錄交詞宗選畢，由值東者分贈賞品晚餐後，盡歡而散。】	左詞宗黃師樵右詞宗蔡愚谷	左一右四　靜淵 右一　一泓 右二左八　吞雲 左三右九　子淘 右三左七　藏芝 左四右十　庭瑞 左五　甘棠 右五左十七　明祿 左六右十三　鶴年 右六左十八　碧醇 右七左十九　笙友 右八左十四　賜美 左九右十五　庭瑞 左十右避　景福

昭和六年七月十五日	十六號（頁八）	鄞江吟社	探梅	左詞宗張純甫 右詞宗杜仰山	左右一 曾繞機 左二右三 盧夢蘭 右二右五 高勝宗 左三右五 盧壽泓 左四右六六 盧春泓 右四左四八 曾繞機 左六 黃景岳 右六左十二 春泓 左七右十四 曾繞機 右七左十四 春泓 左八 李紹蓮 右八 景岳 左九 游子漢 右九左五十一 駱子珊 左十 駱鐵花 右十 羅訪梅
昭和六年七月十五日	十六號（頁九）	鐘亭（擊鉢錄）	石室	左詞宗蔡清揚 右詞宗楊靜淵	左一右三 鶴年 右一左二 碧醇 右二左九 野鶴 左三右十 秩眉 左四右避 靜淵 右四左七 一泓 左五右八 守梅 右五左避 清揚 左六右七 梅生 右六 定禪 左八 杏仙 右九左十 潤卿
昭和六年七月十五日	十六號（頁十）	大同吟社	茅舍	左詞宗黃昆榮 右詞宗黃景岳	左一右五 子淘 右一左三 鶴年 左右二 香嚴 右三左避 昆榮 右三左避 景岳 右四左二 定禪 左五右六 逸初 左六右九 守梅 左七 種人 右七左十一 醉霞 左八右避 景岳 右八左十八 景福

昭和六年八月一日	十七號（頁六）	鄞江吟社（課題）	採菱	左詞宗葉文樞 右詞宗李石卿	左一右卅七 李琮璜 右一左避 文樞 左二右廿七 盧夢蘭 左三 黃品璋 左四右七 游象新 右四 李紹蓮 左五 鄭水田 右五 黃景岳 左六右廿一 莊坊池 右六左十一 曾愛蓮 左八 張子敬 右八 游子漢 左九 陳時新 右九左卅六 黃振芳 左十右卅一 張佐臣 右十右卅二 羅訪梅
昭和六年八月一日	十七號（頁十）	大同吟社（擊鉢錄）	酒舫	左詞宗莊于喬 右詞宗黃昆榮	左一右十一 景福 右一左三 吞雲 左二右八 鶴年 右二左避 于喬 右三左十七 照熙 左四右十六 獻書 右四左十四 娛園 左五右十 香嚴 右五左十三 以簾 左六右九 其淵 左七右十二 瘦秋 右七左十二 恰蘇 左八右十八 子彰 左九右十三 二陵
昭和六年八月十五日	十八號（頁七）	大同吟社（擊鉢錄）	風動石	左詞宗張一泓 右詞宗蕭水秀	左一右六 子淘 右一左七 鶴年 左二右避 水秀 右二左三 香嚴 右三左九 照熙 左四 醉嘯 右四左避 一泓 左五右七 秩眉 左六右十 其淵 左八右九 二陵 右八 惜水 左十 而文

昭和六年九月一日	十九號（頁十）	鄞江吟社（課題）	待字姝	左詞宗鄭坤五 右詞宗曾笑雲	左一右避 曾笑雲 右一左六 羅訪梅 左二右二 劉香亭 左三 盧纘祥 右三左十四 劉香亭 左四右避 曾笑雲 右四左卅一 寧南泪生 左五右十五 許作良 右五 林爾崇 左七 劉冠標 右七 李肖喦 左八 吳潤玉 右八 羅訪梅 左九 耐園 右九 邱碧山 右十左避 曾笑雲 右十 劉香亭
昭和六年九月一日	十九號（頁十一）	大同吟社（擊鉢錄）	蓮影	左詞宗蔡子淘 右詞宗張鶴年	左一右三 吞雲 右一左避 子淘 左二右四 一泓 右二左六 其淵 左三右九 水秀 左四右避 鶴年 左五右八 秩眉 左七右九 而文 右七左十 照熙 左九右十 乃香
昭和六年九月一日	十九號（頁十三）	大同吟社（詩鐘）	秋墨（燕頷格）	左詞宗杜仰山 右詞宗張一泓	左一 子淘 右一左十五 子淘 左二右三 鶴年 右二左避 仰山 左三右避 一泓 左四 吞雲 右四 吞雲 左五右避 一泓 右五左十 吞雲 左六右八 紉秋 右六左避 仰山 左七 一泓 右七左避 仰山 左八右十二 鶴年 左九 紉秋 右九左十七 同人 右十左十一 子淘

昭和六年九月十五日	二十號（頁十一）	大同吟社（擊鉢錄）	望海	左詞宗杜仰山右詞宗吳紉秋	左一右四　一泓 右一避　仰山 左二右避　紉秋 右二左八　鶴年 右三左七　景岳 左四右避　紉秋 左五右九　志橫 左六右十三　子淘 右六　吞雲 右七左十四　其淵 右八左十二　鶴年 左九　照熙 左十右十四　登瀛 右十　景岳
昭和六年九月十五日	二十號（頁十二）	大同吟社（擊鉢錄）	品茶（鶴膝格）	詞宗劉其淵	擬作　其淵 其二　同人 一　野鶴 二　惠疇 三　天忱 四　子淘 五　一泓 六　吞雲 七　定禪 八　景岳 九　念祖 十　芥佛 十一　閒雲 十二　素秋
昭和六年十月一日	二十一號（頁八）	大同吟社	新菊 【歡迎寄廬諸吟友擊鉢錄】	左詞宗黃昆榮右詞宗劉其淵	左一右四　子淘 右一左三　一泓 左二右六　郭元 右二避　昆榮 右三左十二　碧醇 左四避　其淵 左五右十三　挺魯 右五左十一　吞雲 左六右十　崧甫 左右七　挺魯 左八右十二　郭元 右八左九　景岳 右九　繼參 左十右十一　浪鷗

昭和六年十月十五日	二十二號（頁十一）	大同吟社	粧神【歡迎新竹謝景雲、台北李肖嵒、吳紉秋、李嘯峰諸氏】	左詞宗謝景雲右詞宗李肖嵒	左右一 子淘 左二右五 昆榮 右二 其淵 左三 一泓 右三左避 景雲 左四 望庚 右四左八 紉秋 左五右十三 少香 左六右避 肖嵒 右七 捷堯 右八左避 景雲 左九 紉秋 右九左避 景雲 左十 子培 右十 景雲
昭和六年十一月一日	二十三號（頁十一）（擊鉢錄）	大同吟社	晚村	左詞宗張一泓右詞宗張鶴年	左一右避 鶴年 右一左避 一泓 左二右九 景福 右二左七 子淘 左三右六 雪樵 右三左六 吞雲 左右四 景岳 左右五 靄人
昭和六年十一月一日	二十三號（頁十三）	鐘亭（詩崎擊鉢錄）	南念（鳧脛格）	左詞宗周士衡右詞宗張一泓	左一右二 子淘 右一左避 野鶴 左二右四 吞雲 左三右避 碧醇 右三左避 士衡 左四右避 一泓 左五 天忱 右五 子彭 左右六 定禪 左右七 逸初 左八右十 秋眉 右八 閒雲 左右九 香巖 左十 素秋
昭和六年十一月十五日	二十四號（頁七）	鄞江吟社（第九期課題）	征衣	左詞宗許梓桑右詞宗周士衡	左一 潮州 李天蔭 右一左十 臺北 林江清 左二 大甲 黃啟茂 右二 鳳山 李曉樓 左三 黃啟茂

					右三　新竹　莊禮耕 左四　基隆　劉其淵 左五右廿四　新竹　范氏侃卿 右五　基隆　黃景岳 左六　基隆　陳耀東 右六　布袋　黃森峰 左七　黃啟茂 右七左十四　二水　陳劍垣 左八　新竹　高華袞 右八　臺中　王竹修 左九　桃園　牧仙 右九　布袋　蔡如生 右十　苗栗　鄒子襄 左十右十四　潮州　李天蔭 右十一　臺北　黃菊如 左十二　基隆　陳湯楠 右十二　桃園　簡組烈 左十三　布袋　蔡元亨 右十三　王竹修
昭和六年十一月十五日	二十四號 （頁九）	奎山吟社 （擊鉢錄）	觀海	左詞宗 吳如玉 右詞宗 簡如斌	左一右三　陳望遠 右一避　吳如玉 左二右避　簡如斌 右二　吳仙槎 左三　簡豐武 左四右七　郭靜觀 右四左六　陳存 左五右十　郭明安 右五左七　呂傳宗 右六左九　胡星橋 左八　高茂盛 右八　吳梅谿 右九　吳如玉
昭和六年十一月十五日	二十四號 （特編）	大同吟社 （擊鉢錄）	睡仙	左詞宗 盧纘祥 右詞宗 柯子邨	左一右五　一泓 右一　景岳 左二右九　鶴年 右二左七　一泓 左三右四　崧甫 右三左九　夢花 右六　其淵 右七左避　纘祥 左八右避　子邨 左四右十四　夢華 左五右十五　靄人

昭和六年十一月十五日	二十四號（頁十二）	大同吟社（擊鉢錄）	戒銀（蜂腰格）	左詞宗劉夢鷗右詞宗黃昆榮	左一右四 子淘 右一左十三 景岳 左二右十 種人 右二左五 鶴年 左右三 子邨
昭和六年十二月一日	二十五號（頁十二）	大同吟社（詩畸錄）	溫帽（鶴膝格）	左詞宗蔡清揚右詞宗蕭水秀	左一 景福 右一左五 一泓 右二左四 鶴年 左三右四 鶴年 右三 子彭 右五 靜淵 左六 筱村 右六左九 景岳 右七 子彭 左七 一泓 左八右八 于喬 右九 吞雲
昭和六年十二月十五日	二十六號（頁七）	大同吟社（擊鉢錄）	鱟江漁唱	左詞宗莊于喬右詞宗陳筱村	左一右三 子淘 右一左四 野鶴 左二 水秀 右二 靜淵 左三 景福 右四 漢生 左五右九 景岳 左六右十 鶴年 右六 其淵 左七右八 子彭 右七 一泓 左八 醉霞 左十 登瀛
昭和七年一月一日	二十七號（頁十二）	奎山吟社（擊鉢吟）	和陳望遠社兄九月十五日得子即用其韻	詞宗陳望遠	一 如玉 二 如斌 三 靜觀 四 溪土 五 輝燦 六 明安 七 傳宗 八 萬乞 九 星橋 十 豐武 十一 傳宗 十二 海水

					十三　茂盛 十四　同人 十五　朝枝 十六　元貴 十七　美金
昭和七年一月一日	＋	大同吟社 （擊鉢錄）	看劍	左詞宗 盧纘祥 右詞宗 張廷魁	左一右七　鶴年 右一左十九　藝秋 左二右十　芳池 右二左七　一泓 左三　振芳 右三　其淵 左四　芳池 右四左十四　子淘 左五　景岳 右五　昆榮 左六右十二　紉秋 右六　柳亭 左八　鶴年 右八　翦秋 左九　紉秋 右九　野鶴 左十右十四　芳池
昭和七年一月十五日	二十八號 （頁六）	網珊吟社 （擊鉢錄）	鄉夢 【招待天籟吟 社社友擊鉢錄】	左詞宗 曾笑雲 右詞宗 張一泓	左一右避　張一泓 右一左十四　張鶴年 左二右二　簡穆如 左三　盧懋清 右三左七　碧沖 左四右四　簡穆如 左五右十二　鄭華林 右五　吳紉秋 左六　鄭華林 右六左避　曾笑雲 右七左八　吳紉秋 右八左九　李紹蓮 左十　李春霖 右十一左避　曾笑雲 右十左　鄭華林 右十二　黃景岳 左十三　秋客 右十四　李嘯峰 左十五　白鷗 右十五　白菊

昭和七年一月十五日	二十八號（頁七）	大同吟社（擊鉢錄）	慶餘堂春夜小集	左詞宗蔡清揚 右詞宗張鶴年	左一右七 嘯峰 右一左避 清揚 右二左避 鶴年 右二左四 紉秋 左三右六 梅生 右三左五 吞雲 右四左六 登瀛 右五左十一 其淵 左七右十二 靄人 右八左十二 匯東 左九右十五 望庚 左十右十四 子雲 右十左十四 而文
昭和七年二月二十四日	三十號（頁八）	大同吟社（擊鉢錄）	歸心	左詞宗葉文樞 右詞宗許梓桑	左一右六 野鶴 右一左避 文樞 左二右九 子淘 左三右二 一泓 右三左五 漢生 左四 吞雲 右四左十一 子彭 右五左九 一泓 左六右避 梓桑 左右七 逸初 左八右十 秩眉 右八左避 文樞 左十 照熙
昭和七年四月一日	三十二號（頁七）	大同吟社（擊鉢錄）	賣冰聲	左詞宗許洒蘭 右詞宗杜靄人	洒蘭擬作 左一右四 水秀 右一左七 鶴年 左右二 一泓 左三右十二 子淘 右三左十五 吞雲 左四右五 照熙 左五右十一 碧醇 右六左九 香嚴 左八右避 靄人 右九 其淵 右十 照熙
昭和七年四月一日	三十二號（頁八）	奎山吟社（擊鉢錄）	山梅	詞宗王少濤	詞宗擬作 一 望遠 二 如玉 三 靜觀 四 如斌

					五　陳存 六　如玉 七　明安 八　肇基 九　海水 十　兆惠
昭和七年四月十五日	三十三號（頁十六）	鄞江吟社（第十三期課題）	范蠡泛五湖 【其他未刊詩作，僅刊姓名者有：右十一左十七 張寄生、左十二臺北 吳金作、右十二銅鑼水英蘭、左十三賴心丹、右十三張銘鶴、左十四關西 沈梅岩、右十四大甲 陳澄秋、左十五華僑 廖子嘉、左十六九曲堂 蔡爾昌、右十六大甲 黃啟茂、右十七關西 陳子春、左十八右三十二 陳秋農、右十八新竹 郭茂松、左十九南投 張雪崖、右十九 賴六壬、左二十臺中 劉燕雲女士、右二十 賴六壬、左二十一 何鐵峰、右二十一 張雪崖、左二十二 鄭麗生、右二十二南投 包尾莊人、左二十三 王竹修、右二十三臺北 鄭麗生、右二十四華僑 賴慕周、左二十五 林玉麟、右二十五新竹 曾文新、左二十六 何際虞、右二十六新竹 蔡錢帆、左	左詞宗羅訪樵 右詞宗游子仙	擬作 子仙 左一 臺中 王竹修 右一 竹山 何鐵峰 左二右十五 華僑 賴六壬 右二左十一 竹修 左三 同人 右三 東勢 賴金龍 左四 中壢 彭祝堂 右四左七 二水 陳劍垣 左五 彰化 張銘鶴 右五 九曲 許成章 左六 鄞江 賴六壬 右六 楊梅 曾鴻楨 右七 何鐵峰 左八右廿四 華僑 廖氏辛妹 右八 楊梅 劉文清 左九 宜蘭 吳炳丹 右九 豐原 塵海蜘蛛 左十 苗栗 范仁卿 右十 新莊 張寄

					二十七華僑 劉善堂、右二十七關西 蒼髯、左二十八 范仁卿、右二十八 劉文清、左二十九 關西 沈梅岩、右二十九新化 正曉青、左三十花蓮港 葉紹尹 】
昭和七年五月十五日	三十五號（頁十二）	奎山吟社（擊鉢錄）	栽花	左詞宗 吳如玉 右詞宗 簡如斌	左一右避 簡如斌 右一左三 王伯川 左二右避 如斌 右二左避 吳如玉 右四左五 胡星橋 左六右七 吳雲章 右六左十二 周朝財 左七右八 呂傳宗 左八右九 張肇基 左九右十 廖長枝 左十右十一 郭金德
昭和七年六月一日	三十六號（頁八）	大同吟社（擊鉢錄）	浴佛	左詞宗 周野鶴 右詞宗 張一泓	左右元 鶴年 右避左二 一泓 右二左三 鶴年 右三左七 景岳 右七左四 照熙 右四左八 景岳 左五右避 一泓 右五 漢生 右八左六 吞雲 右六左九 鶴年 右九左避 野鶴 左十 吞雲 右十 逸初
昭和七年六月一日	三十六號（頁十二）	大同吟社	淨心（鳳頂格）	左詞宗 蔡愚谷 右詞宗 張鶴年	左一 景岳 右一左八 一泓 左二 子淘 右二 漢生 左三右七 水明 右三 照熙 左四 景岳 右四 子淘 左五右十 一泓

日期	號	吟社	詩題	詞宗	名次
					左避右五　愚谷 左六右九　一泓 右六　逸初 左七　吞雲 右八　一泓 左九　鶴年 左十　漢生
昭和七年六月十五日	三十七號（頁二）	大同吟社（詩畸）	氣方（蟬聯格）	左詞宗王子清 右詞宗周澄秋	左一　夢花 右一　郭元 左二　春榮 右二　象新 左三右十　一泓 右三　子淘 左四　文樞 右四　郭元 左五　景福 右五　鶴年 左六　景福 右六　振義 左七　靄人 右七左十六　野鶴
昭和七年七月一日	三十八號（頁六）	大同吟社	鄉思 【送周士衡君歸梓擊鉢錄】	左詞宗周士衡 右詞宗蔡子淘	左一右八　藝秋 右一左避　野鶴 左二右左　春榮 右二左避　野鶴 左三　景岳 右三　閒雲 左四右避　子淘 右四左五　吞雲 左六　漢生 右六左八　種人 左七　杏洲 右七左九　菊痴 右九左十　鉄華 右十　逸如
昭和七年七月十五日	三十九號（頁七）	大同吟社（一週年紀念會）	春帆	左詞宗葉文樞 右詞宗杜仰山	左一右避　仰山 右一左十三　筱村 左二右十　振芳 右二　野鶴 左三左十四　照熙 右三左九　耀華 左四右五　水秀 右四　閒雲

日期	號數	詩社	詩題	詞宗	錄取
					左五右十一　失名 左六右五　春霖 右六左十一　尊五 左七右十九　吞雲 右七左避　文樞 左八右十七　子村 右八左十四　一泓 右九左十八　鶴年 左十右十五　碧峰 左十二　夢花 右十二　廷魁 右十三　景岳 左十五　濤聲
昭和七年八月一日	四十號（頁六）	大同吟社（擊鉢錄）	種樹	左詞宗葉文樞 右詞宗洪夢花	左一　一泓 右一　郭元 左二　野鶴 右二　澄秋 左三右九　鶴年 左四　史雲 右四　郭元 左五右八　野鶴 右五　醉嘯 左六右十四　子淘 右六　子清 左七　鶴年 右七　漢生 左八右十二　子清 左九　夢花 左十　鶴年 右十　春榮
昭和七年八月十五日	四十一號（頁十一）	鄞江吟社	夏蟲（蟬聯格）	左詞宗周士衡 右詞宗張鶴年	左一右十　子淘 右一左八　子淘 左二右三　逸初 右二左避　野鶴 左三右避　鶴年 左四　逸且 右四左七　定禪 左五右九　春亭 右五左九　鐵華 左六　吞雲 右六　景岳 右七左避　閒雲 右八左十　夢澤

昭和七年九月一日	四十二號（頁七）	大同吟社（一週年紀念會次唱）	漁燈【在此期的大同吟社擊鉢錄後刊登張一泓、許註珠〈輓周士衡君〉之詩作。】	左詞宗謝尊五右詞宗吳夢周	左一右十　清揚 右一左十六　凌碧 左二右四　鶴年 右二　吞雲 左三右十三　景福 右三　仰山 左四右七　文樞 左五　挺魯 右五　子村 左六右十二　碧峰 右六左十三　春霖 左七　夢花 左八右十九　哲士 右八　一泓 左九右十　炳南 右九　春霖 左十　崧甫
昭和七年九月十五日	四十三號（頁六）	大同吟社（詩鐘）	教鞭（玉帶格）	左詞宗張鶴年右詞宗李春霖	左一右九　一泓 右一左避　鶴年 左二　一泓 右二左四　同人 右三左七　子淘 左五　愚谷 右五左六　同人 右六左八　一泓 右七左十　春亭 右八左九　吞雲
昭和七年九月十五日	四十三號（頁七）	瑞芳礦山奎山吟社	出籠雞【歡迎李石鯨先生擊鉢吟錄】	左詞宗李石鯨右詞宗簡如斌	左一右六　如玉 右一左三　望遠 左二右七　靜觀 右二左避　碩卿 右三十三　長枝 左四右避　如斌 右四左五　茂盛 左六右避　如斌 左七右十三　江存 左八右十三　星橋 右八左十　伯川 左九右十　天賜 右九右十一　肇基
昭和七年十一月一日	四十六號（頁八）	鄞江吟社（課題）	閨怨	左詞宗李石鯨右詞宗黃劍青	左一　鄭金江 右一左廿六　羅東　林玉鱗 左二　臺中　劉冠標

					右二 頭圍 盧纘祥 左三右九 頭圍 葉文樞 右三左廿三 基隆 黃景岳 左三右九 臺中 劉冠標 右四左廿一 頭圍 游象新 左五右十一 臺中 劉冠標 右五 宜蘭 李琮璜 左六 宜蘭 李紹蘭 右六 頭圍 黃振芳 左七 頭圍 陳茂林 左八右十四 基隆 簡穆如 右八左十二 羅東 林玉麟 左九 頭圍 葉文樞 左十 臺北 葉子宜 右十 基隆 黃種人。
昭和七年十月一日	四十四號（頁八）	大同吟社（擊鉢錄）	避雷針	左詞宗 黃甘棠 右詞宗 蔡子淘	左一右避 子淘 右一 吞雲 左二右三 同人 右二左避 甘棠 左三右六 藝秋 左四右五 春亭 右四左避 干棠 左五 鶴年 左六右九 逸且 左右七 介眉 左八 藝秋 左九 愚谷 右八左十 鶴年 右十 漢生
昭和七年十一月一日	四十六號（頁十六）	暖暖同勵吟社（擊鉢錄） 【同勵吟社擊鉢錄後亦刊載李春霖〈輓野鶴〉弔周士衡之作品。】	來雁	詞宗 蔡清揚	一 周哲士 二 杜靄人 三 王雪樵 四 陳周萬 五 王正玉 六 胡軟 七 周林隆 八 陳石養 九 胡軟 十 周哲士
昭和七年十二月十七日	四十九號（頁十六）	奎山吟社（擊鉢錄）	秋雲（七絕八庚） 【歡迎同勵吟社諸詞友】	左詞宗 王子清 右詞宗 吳如玉	左一右八 靜觀 右一左三十 星橋 左二右六 陳善 右二左六 如斌

					左三右七　囂人
					右三左十七　如斌
					左四右十九　子華
					右四左避　子清
					左五右五　哲士
					左七右十二　肇基
					左八右十一　敏山
					左九右十　望遠
					左十右避　如玉
					左十一右十五　望遠
					左十二右廿六　兆惠
					左十三右二十　希泮
					右十三左十六　敏山
					左十四右避　如玉
					右十四左廿三　雪樵
					左十五右廿一　源田
					右十六左避　子清
					右十七左廿二　伯川
					左十八右廿三　子華
					右十八左十九　如斌
					右廿二左廿六　哲士
					左廿四右廿四　兆惠
					左右廿五　雪樵
昭和八年二月一日	五十二號（頁七）	大同吟社（擊鉢錄）	蓮、張敝（分詠格）【社友簡穆如新婚】	左詞宗張一泓右詞宗張鶴年	左一　石鯨
					右一　子珊
					左二右九　子淘
					右二左九　春霖
					左三右十四　劍虹
					右三左五　吞雲
					左四右十一　子珊
					右四左十二　景岳
					右五左十六　漢生
					左六　石鯨
					右六左八　子珊
					右四左十二　景岳
					右五左十六　漢生
					左六　石鯨
					右六左八　子珊
					左七右八　逸初
					右七左十四　春霖
					右十左十七　景岳
昭和八年二月一日	五十二號（頁八）	同勵吟社（擊鉢錄）	舌鼓	左詞宗柯子邨	左右一　子淘
					左二　鶴年

				右詞宗 張一泓	右二左十一 藏芝 左三右八 山房 右三左避 子邨 左四右五 春霖 右四左九 囂人 左五右十 筱村 左六右九 崧甫 右六左八 夢花 左七右十一 吞雲 右七左十 楊柳 左十二 子清 右十二 雪樵 左十三 雪樵 右十三 杏洲 左十四 哲士 右十四左十五 景光 右十五 紫清
昭和八年二月 一日	五十二號 （頁八）	靜寄樓	茶談（寒韻） 【歡迎夢周君 雅築】		夢周 仰山 春亭 一泓 囂人 藝秋 漢生
昭和八年二月 一日	五十二號 （頁十六）		鴛鴦牒 （七律不限韻） 【基隆簡穆如 氏徵詩】	詞宗 李石鯨	詞宗擬作 一 臺中 王竹修 二 臺南 吳紉秋 三　　 王竹修 四 新豐 何半惺 五 新竹 竹村逸客 六 萬華 黃習之 七 臺北 曾笑雲 八 暖暖 王子清 九 竹山 陳金獅 十 竹村逸客
昭和八年二月 十五日	五十三號 （頁十三）	大同吟社 （擊鉢錄）	擘柑 【1、此期頁四 刊載基隆小鳴 吟社序、南瑞樓 雅集序。 2、此期頁五刊 載李逢時所作 基隆八景詩，與	左詞宗 許梓桑 右詞宗 林兆麟	左一右五 春亭 左一 漢生 右二 子淘 左二 崧甫 左三右十 瑞珍 右三左四 獻圖 右四左十 穆如

			許梓桑所詠雞籠八景不同。】		左五　春霖 左六　昆榮 右六　一泓 左七右七　逸初 左八　浪鷗 左八　杏洲 左右九　定禪
昭和八年二月十五日	五十三號（頁十三）	笑山樓小集	元旦雨	左詞宗李春霖右詞宗黃景岳	左一右八　鶴年 右一左三　春亭 左二右十　季眉 右二左避　春霖 右三　瀛客 左四　景岳 右四左七　藝秋 左五　景岳 右五　漢生
昭和八年二月十五日	五十三號（頁十三）		春日（八叉格）	左詞宗陳庭瑞右詞宗張一泓	左一右避　一泓 右一左五　春霖 左二右五　漢生 右二　春霖 左三右四　子淘 右三左十　崧甫 左四右九　春亭 左六　藝秋 右六　杏洲 左七　蔚渠 右七　春亭 左八　夢篷 右八　定禪 左九　紅水 右十　郁文
昭和八年三月一日	五十四號（頁七）	笑山樓（擊鉢錄）	笑山（鶴頂格）	左詞宗蔡子淘右詞宗林兆麟	左一右十五　鶴年 右一左七　紅水 左二右四　夢篷 右二左十　一泓 左三右九　春霖 右三　郁文 左四　鐵雲 左五　藝秋 右五　紅水 左八　季眉 右六左九　鐵雲

					右七左避 子淘 左八右避 兆鱗 右八 鶴年 右十左十三 春亭
昭和八年三月一日	五十四號（頁七）		麟兒【黃景岳氏郎君湯餅筵擊鉢錄】	詞 宗李石鯨	詞宗擬作 一 杏洲 二 春霖 三 鶴年 四 春亭 五 子淘 六 季眉 七 劍虹 八 吞雲 九 春霖
昭和八年三月十五日	五十五號（頁八）	大同吟社（擊鉢錄）	古渡	左詞宗杜仰山右詞宗蔡清揚	左右一 穆如 左二右二 鶴年 右二 鐵雲 左三右避 清揚 左四右避 清揚 右四左八 青峰 右五 藝秋 右六左十 昆榮 左七 雪峰 右七左避 仰山 左八 景岳 右八左避 仰山 左九 繼參 右九 鐵雲
昭和八年三月十五日	五十五號（頁八）	大同吟社（詩畸）	破畫（蟬聯格）	左詞宗張一泓右詞宗張鶴年	左一右避 鶴年 右一左避 一泓 左二右五 春霖 右二左三 春霖 右三 夢篷 左四右六 春亭 右四左五 仰山 左六 季眉 左七右八 清揚 右七 雪峰 左八 仰山 左九 仰山 右九 夢松 左右十 景岳

昭和八年三月十五日	五十五號（頁九）	同勵吟社（擊鉢錄）	榕、朱買臣（分詠格）	左詞宗歐劍窗右詞宗廖藏芝	左一右六　景光 右一左四　子村 左二右避　藏芝 右二　鶴年 左三右四　甘棠 右三左九　一泓 左五右十　山房 右五左十一　筱村 左六　子淘 左右七　鐵雲 左八右十一　鐵雲 右十八　子淘 右九左避　劍窗 左十　雪樵 左右十二　子邨 左十三右十五　霭人 右十三　鶴年 左十四　陳善 右十四　耀華 左十五　筱邨
昭和八年四月十五日	五十七號（頁八）	大同吟社（擊鉢錄）	檢詩 【1、昭和八年四月一日第五十六號的騷壇消息刊載著：「北部同聲聯吟會」的消息。由大同吟會主催，廿一日開於基隆的同風會館。 2、出席者有遠自蘇澳、宜蘭、九份、暖暖、板橋、松山、汐止等處的吟友，合計七十餘名。 3、首唱〈春草〉五律蕭韻、次唱〈破帆〉虞韻。詞宗為陳心南、杜仰山、盧纘祥、卓夢庵四氏。 4、次日更重鼓餘勇，在大同吟社事務所，招集吟友，為頭圍盧	左詞宗黃振芳右詞宗蔡敦輝	左一右二　水秀 右一左七　春霖 左二右七　纘祥 左三右十　昆榮 右三左十　繼參 左四右避　敦輝 右四右六　子淘 左右五　春霖 右六左九　鶴年 左八右九　繼參 右八左避　振芳

			續祥、黃振芳及板橋蔡敦輝諸氏開歡迎擊鉢吟會，題拈〈檢詩〉七絕庚韻。】		
昭和八年五月十五日	五十九號（頁六）	大同吟社（擊鉢錄）	河源【倉頡夫子聖誕紀念】	左詞宗 石鯨 右詞宗 少濤	左一 春霖 右一左二 鐵雲 右二左九 春亭 左三右七 漢生 右三左八 郁文 左四右八 鐵雲 右四 椿庭 左五右九 文龍 右五 煥章 左六 藝秋 右六左七 子淘 左右十 杏洲
昭和八年六月一日	六十號（頁七）	大同吟社（擊鉢錄）	夏味	左詞宗 劉茂源 右詞宗 張一泓	左一 吳郁文 右一左三 李鐵雲 左二 謝藝秋 右二 簡穆如 右三 李春霖 左四 張鶴年 右四 陳阿火 左五 呂漢生 右五左七 黃景岳 左六右七 簡清風 右六 陳阿火 左右八 季眉 左九 黃種人 右九 劉春亭 左十 張子彭 右十 黃景岳
昭和八年六月十五日	六十一號（頁八）	大同吟社（課題）	蘆碕（七絕韻蕭）	左詞宗 杜仰山 右詞宗 張一泓	左一右三 陳阿火 右一 同人 左二右四 郭靜觀 右二 劉春亭 左三右七 林源田 左四右五 陳望遠 左五 王雪樵 左六 陳望遠 右六左九 同人 左七 黃昆榮

					左右八　林源田 右九　陳阿火 左十　簡如斌 右十　王雪樵
昭和八年七月十五日	六十三號（頁九）	同勵吟社（擊鉢錄）	吟蟲	左詞宗黃昆榮 右詞宗杜靄人	左一右六　哲士 右一左九　崧甫 左二右四　國珍 右二左六　國珍 左右三　崧甫 左四　靄人 左右五　崧甫 左右七　哲士 左八　靄人 右八　昆榮 右九　同人 左十　靄人 右十　昆榮
昭和八年七月十五日	六十三號（頁十）	基隆　笑山樓小集	雨中花	左詞宗蔡逸初 右詞宗李鐵雲	左一右避　李鐵雲 右一左五　陳阿火 左二右避　李鐵雲 右二左八　劉春亭 右三左十　呂漢生 左右四　吳郁文 右五　劉春亭 左六右七　吳郁文 右六　呂杏洲 右七左九　呂傳溪 右七左九　吳郁文
昭和八年十月十五日	六十八號（頁八）	奎山吟社（擊鉢錄）	曉煙	左詞宗簡如斌 右詞宗陳望遠	左一右四　天賜 右一左二　靜觀 右二左避　如斌 左右三　子華 左四右八　肇基 左五右避　望遠 右五左十　鳳棲 左右六　金德 左七右十　芹香 右七左八　雲章 左九右十一　鳳棲 右九左避　如斌 右十一右十二　肇基 左十二右十三　兆惠

昭和九年一月一日	七十三號（頁十四）	大同吟社（擊鉢錄）	梅【歡迎王少濤氏書畫展覽會】	左詞宗王少濤 右詞宗李石鯨	左一 石鯨 右一左六 杏洲 左二右五 子淘 右二左三 春霖 右三左四 劍魂 右四左八 吞雲 左五右八 景岳 蘭左一 石鯨 右一左三 春霖 左二右六 景岳 右眼左六 春亭 右三左八 劍魂 左四右七 子淘 右四左五 吞雲 右五左十 逎蘭 菊左一右七 子淘 右一左二 春霖 右二左五 郁文 左三 三益 右三 少濤 左四右八 景岳 右四左九 杏洲 右五左九 吞雲 竹左一右八 同人 右一 少濤 左二 石鯨 右二左九 景岳 左三右七 子淘 右三左五 杏洲 左四右四 春霖 右五左八 郁文
昭和九年四月十五日	七十九號（頁三）	瀛社	螺溪硯【林欽賜氏徵詩】	左詞宗謝雪漁 右詞宗賴鶴洲	第一 左二九右二八點 臺北 倪炳煌 第二 左二八右加倍 臺北 賴子清 第三左三十右二十四 新竹 鄭蛻窩 第四左二十六右加倍點 臺北 賴子清 第五左二七右二十五點 高雄 許飛熊 第六左二十右三十點 竹山 張簧川

					第七左二十二右十九點　北門　王大俊 第八左二十一右二十四點　文山　文淵生 第九左二十四右八點　學甲　謝秀峰 第十左十一右二十一　高雄　陳氏霞仙 十一左十五右十六點　臺東　賴榮俊 十二左四右二十七點　清水　鍾傳宗 十三右錄左二十九點　竹山　張簧川 十四右錄左二十六點　新竹　謝森鴻 十五右二十五左錄點　臺中　王竹修 十六左二十三右二點　高雄　陳氏霞卿 十七左十九右六點　臺北　連林榮 十八右錄左二十三點　高雄　陳春林高雄 十九右錄左二十二點　鮑樑臣 二十左錄右二十點　基隆　賴照熙
昭和九年六月一日	八十二號（頁八）	大同吟社（春季擊鉢會、詩畸）	玉佛（蟬聯格）【1、甲戌年，浴佛佳節開於淨心齋堂。2、值東者：國華、一泓、登瀛、鶴年、照熙。】	左詞宗劉以廉 右詞宗王吞雲	左一　一泓 右一　照熙 左二　瘦瓊 右二左八　椿亭 左三　春霖 右三左十一　春霖 左四右避　吞雲 右四左十四　文峰 左五　景岳 右五左十五　照熙 左六　杏洲 右六左十　景岳 左七右十三　郁文 右七　劍魂 右八　杏洲 左右九　穆如 右十　昆榮

昭和九年六月十五日	八十三號（頁八）	大同吟社（春季例會）	畫簾	左詞宗黃景岳右詞宗張廷魁	左一右三 鶴年 右一左十四 吞雲 左二右八 崧甫 右二左五 鶴年 左三 杏洲 左四 杏洲 右四左八 藝秋 右五左避 景岳 左六右七 春亭 右六左七 穆如 左九 穆如 右九 劍魂 左十右十三 朝瑞 右十 崧甫
昭和九年七月一日	八十四號（頁十六）	大同吟社（火曜例會）	藕花風	左詞宗吳郁文右詞宗賴摩南	左一 鶴年 左五右一 鶴年 左二 挺魯 右二 道南 左三 吞雲 右三 崧甫 左四 穆如 左避右四 郁文 左六右五 景岳 左七右避 摩南 右八 椿亭 左九 一泓 右九 瘦瓊 左右十 景岳
昭和九年七月十五日	八十五號（頁十三）	奎山吟社（擊鉢錄）	蒲扇	左詞宗鄭蘊石右詞宗李石鯨	左一右十四 昆榮 右一左十 如玉 左二右二 如玉 左三右六 郁文 右三左四 昆榮 右四左十一 望遠 左五右十二 郁文 右五左避 蘊石 左六右九 雨軒 左右七 靜觀 左右八 昆榮 左九右十五 杏洲 左右十 郁文

日期	號（頁）	詩社	詩題	詞宗	名次
					右十一左十七　望遠 左十二右避　石鯨 左十三右避　石鯨 右十三左十六　杏洲 左十五右避　石鯨 右十六左避　蘊石
昭和九年八月十五日	八十七號（頁十六）	大同吟社（夏季擊鉢）	蕉影	左詞宗 鄭蘊石 右詞宗 蕭水秀	左一右二　崧甫 右一郁文 左二右避　水秀 左右三　一泓 左四右十二　穆如 右四左十二　昆榮 左五右九　雪樵 右五左六　吞雲 右六左十四　鶴年 左七右十五　杏洲 右七左九　鶴年 左八右十一　川河 右八左避　蘊石 左十右十四　照熙 右十　杏洲
昭和九年九月一日	八十八號（頁十五）	大同吟社（夏季擊鉢）	冰旗	左詞宗 劉春亭 右詞宗 張鶴年	左一　杏洲 右一左二　同人 右二　穆如 左三右十五　崧甫 右三　雪樵 左四　藝秋 右四左五　廷魁 右五左七　景岳 左六　吞雲 右六左十　瘦瓊 右七　昆榮 左右八　水秀 右九左十四　川河 右十二左十五　白鷗 左十三　鶴年 右十三　照熙 右十四　景岳
昭和九年九月十五日	八十九號（頁十五）	大同吟社（火曜擊鉢）	新寒	左詞宗 昆榮 右詞宗 一泓	左一右五　杏洲 右一　昆榮 右二左五　景岳 左三　同人 右三左十　同人

				左四右六 春霖
				右四 登瀛
				左六 春亭
				左七 藝秋
				右七左八 春亭
				左九 郁文
				右十 道南
昭和九年十一月一日	九十二號（頁十四）	大同吟社	柯子村詞兄送別會席上分韻	（先）春亭
				（蕭）郁文
				（肴）穆如
				（豪）一強
				（歌）清峰
				（麻）子邨
				（陽）子邨
				（庚）杏洲
				（青）一強
				（蒸）漢生
				（尤）子邨
				（侵）蟫雋
				（覃）郁文
				（鹽）春亭
				（咸）一泓
昭和九年十一月一日	九十二號（頁十六）	奎山吟社（擊鉢）	重陽雨	左詞宗施梅樵 右詞宗李石鯨

重陽雨	左詞宗施梅樵 右詞宗李石鯨	左一右避 石鯨
		右一左二十三 望遠
		左二 青榕
		右二左避 梅樵
		左三右避 石鯨
		右三左避 梅樵
		左四 榕軒
		右四 希洋
		左五右十四 茂盛
		右五左二十一 少陶
		左六 素秋
		右六左二十七 望遠
		左七右二十 定襌
		右七左十九 如玉
		右九左十 逸初
		右十左二十四 富基
		左十一 竹窗
		左十二右二十七 凸峰

昭和九年十二月十五日	九十五號（頁十六）	大同吟社（秋季擊鉢）	旭岡秋望【值東者：昆榮、雪樵、水秀、杏洲、崧甫。】	左詞宗張一泓右詞宗張鶴年	左一右避　鶴年 右一左避　漱瓊 左二右五　吞雲 右二左三　穆如 右三左七　水秀 左四右六　廷魁 右四右六　郁文 左五右八　照熙
昭和十年二月一日	九十八號（頁十三）	大同吟社	夢熊【吳郁文君令郎彌月擊鉢吟會】	左詞宗李石鯨右詞宗簡穆如	左一右三　鶴年 右一右八　同人 左二右六　昆榮 左三右二　杏洲 左四　吞雲 右四左九　道南 左五　劍魂 右五　子清 左六　天忱 左七　穆如 右七　椿亭 右八　季眉 右九　登瀛 左十　藝秋 右十　昆榮
昭和十年三月十五日	一〇一號（頁十五）	大同吟社（擊鉢）	踐約	左詞宗張純甫右詞宗李石鯨	左一右三　鶴年 右一　濤生 左二右七　同人 右二左七　鶴年 左三　漢生 左四右五　一泓 右四左十三　昆榮 左五右十五　一泓 右五左六　穆如 左八　郁文 右八　昆榮 左九右十　鶴年 右九　昆榮 左十　郁文 左十一　挺魯 右十一左十二　穆無 右十二　椿亭 右十三　三益 左十四　石鯨 右十四　純甫 左十五　漢生

昭和十年六月一日	一〇六號（頁八）	奎山吟社（擊鉢）	雪花	左詞宗賴照熙 右詞宗何湘亭	左一右四 希洋 右一左五 榕軒 左右二 紅甲 左三右十二 望遠 右三左避 照熙 左四右十三 肇基 右五左避 照熙 左六右避 湘亭 右六左十 定禪 左七右八 守墨 右七左避 照熙 左八 戒僧 左九右十五 希洋 右九左十一 芹香 右十左十二 金得
昭和十年六月十五日	一〇七號（頁十六）	保粹書房（端午日擊鉢）	午時水	左詞宗杜仰山 右詞宗陳庭瑞	左一 鶴年 右一左四 同人 左二右九 一泓 右二左六 穆如 左三右四 景岳 右三 仰山 左五右八 林一清 右五 石鯨 左七 藝秋 右七 漢生 左八右十 漢生 右九 昆榮
昭和十年六月十五日	一〇七號（頁十六）	大同吟社（乙亥燈節擊鉢）	鞦韆	左詞宗呂漢生 右詞宗何崧甫	左一右五 春亭 右一左八 鶴年 左二右三 穆如 右二左四 鶴年 左三 崧甫 右四 漢生 左五右八 一泓 左六 浪鷗 右六左七 水秀 右六左七 登瀛 左右九 劍魂 左十 劍吟 左十一右十二 郁文 左十一右十四 道南

					左十二右十三　景岳
					左十三右十五　昆榮
					右十四　松笑
					左十五　藝秋
昭和十年十一月十八日	一一七號（頁十五）	大同吟社（臨時擊鉢）	海女	左詞宗許逸漁右詞宗鄭郁仙	左一右十八　鶴年
					右一　少仲
					左二避　郁仙
					右二左十四　性湍
					左三　鶴年
					右三左避　逸漁
					左四右十二　讓甫
					右四　穆如
					左五　清渠
					右七　石滄
					左八　春亭
					右八　昆榮
					左九右十五　鶴年
					右九　郁文
					左十右避　郁仙
					右十左二十　榮勳
					左右十一　穆如
					左十二　春亭
					左十三右避　郁仙
					右十三　榮勳
					左十五右二十　性湍
昭和十一年一月一日	一二〇號（頁十七）	復旦吟社（十週年紀念會）	話雨	左詞宗許梓桑右詞宗陳伯華	左一右七　賜美
					右一左九　笑園
					左二　藏芝
					右二　蓬萊
					左右三　甘棠
					左四右八　蓬萊
					右五左五　子清
					右五左八　水草
					左六　文峰
					右六左七　笑園
					右九　一泓
					左十　桂川
					右十左十三　竹谷
					左十一　伯華
					右十一　星輝
					左右十二　吟笙

昭和十一年一月一日	一二〇號（頁十七）	復旦吟社	祝復旦吟社十週年紀念		林述三、黃笑園、許迺蘭、張一泓。
昭和十一年二月十五日	一二三號（頁七）	瀛社同意吟會	詩派	左詞宗陳伯華 右詞宗黃承順	左元右避 承順 右元左七 運斧 左二右三 笑園 右二左避 伯華 左三右九 笑園 左四 鏡厚 右四左五 獻瑞 右五 削峰 左六 慶賢 右六 陽生 右七 鏡厚 左八 慶賢 右八 友漁 左九削峰 左十 陽生 右十 振揚
昭和十一年二月十五日	一二三號（頁八）	大同吟社（擊鉢）	丙子人日春季例會 席上分韻【除分韻外，席間亦作聯吟柏梁體。】		吳郁文、呂漢生、劉春亭、簡穆如、王吞雲、蔡青榕、張鶴年、黃景岳、陳道南、張一泓。
昭和十一年三月一日	一二四號（頁十五）	瀛社同意吟會（擊鉢）	醋火【1、二月十六日開於賴獻瑞氏宅。2、與會者三十餘名。】	左詞宗盧纘祥 右詞宗林子惠	左右元 蘊藍 左眼 小窗 右眼左九 鏡厚 左花右八 笑園 右花左五 象新 左四右避 子惠 右四 獻瑞 右五 毓癡 左六右七 象新 右六 運斧 左七右九 伯華 左八 承順 左十右十三 削峰 右十左避 更雲
昭和十一年四月十八日	一二七號（頁二）	大同吟社	雁字	左詞宗簡穆如 右詞宗賴照熙	左右一 一泓 左二右七 鶴年 右二左三 水秀 右三 景福 左四右十三 崧甫

					左五右十　道南 右五左避　穆如 左六右九　景福 右六左十　廷魁 右八左十一　春亭 左九右十四　崧甫
昭和十一年五月十五日	一二九號 （頁二）	大同吟社	爆獅	左詞宗 李石鯨 右詞宗 黃景岳	左一右二　季眉 右一　石鯨 左二　景岳 左三右十　春亭 右三左四　同人 右四左八　穆如 左五　香嚴 右五　石鯨 左六　登瀛 右六左七　藝秋 右七　石鯨 右八左九　昆榮
昭和十一年六月一日	一三〇號 （頁十）	瀛社同意吟會	酒債	左詞宗 黃文虎 右詞宗 林子惠	左元　小窗 右元　慶賢 左眼　友漁 右眼左十　紉秋 左花　承順 右花左十四　陽生 左右四　伯華 左右五　文治 左六　連榮 右六左避　文虎 左七　陽生 右七　伯華 左八　友漁 右八　少嵐 左九　連榮 右九　萬傳 右十　慶賢
昭和十一年七月一日	一三二號 （頁七）	奎山吟社	笛韻	左詞宗 景福 右詞宗 崧甫	左一右五　杏洲 右一左五　靜觀 左二右七　望遠 右二左六　天賜 左三右四　錫三 右三左七　閒雲 左四右八　采芹

					右六左九 夢澤 左八右十 明安 左九左十 景岳
昭和十一年七月十六日	一三三號（頁十四）	瀛社同意會	醉西施	左詞宗 黃笑園 右詞宗 黃文虎	左元右花 伯華 右元左六 小汀 左眼右十五 連榮 右眼 國藩 左花 承順 左四右八 陽生 右四左避 笑園 左五右十四 紉秋 右五左七 友梅 右六左十五 麗東 右七左十三 獻瑞 左八 友漁 左右九 運斧 左十 希淵 右十左十二 萬傳
昭和十一年九月一日	一三六號（頁十八）	瀛社同意吟會	畫美人	左詞宗 賴獻瑞 右詞宗 林連榮	左元右眼 子惠 右元 小汀 左眼右六 運斧 左花 友漁 右花左避 獻瑞 左右四 夢酣 左五右十 友梅 右五 慶賢 左六右九 國藩 左七右避 連榮 右七 紉秋 左八 伯華 右八左十四 小窗 左九 策軒 左十 萬傳
昭和十一年十月二日	一三八號（頁五）	鼎社（第一期聯吟會）	雞山晚眺	左詞宗 張一泓 右詞宗 張廷魁	左一右二 景岳 右一左十 望遠 左二右十一 如玉 左三右十八 漢生 右三左四 靜觀 右四左九 保桀 左五右六 榕軒 右五左十七 景福 左六右十 道南

					左七右十二 希洋
					右七左十三 春生
					左八 廷魁
					右八左十一 麟祥
					右九左十四 朝枝
昭和十一年十月二日	一三八號（頁十八）	瀛社同意聯吟	鷺鷥林	左詞宗陳伯華右詞宗卓夢庵	左元 笑園
					右元左眼 連榮
					右眼左六 慶賢
					左花右九 小窗
					右花 小嵐
					左四右五 運斧
					右四 小汀
					左五右七 萬傳
					右六左十一 希淵
					左七右十 玉明
					右八 承順
					左九 小窗
					左十右十五 笑園
昭和十一年十月十五日	一三九號（頁四）	鼎社聯吟（次唱）	試金石	左詞宗水秀右詞宗郁文	左右一 保琛
					左二右五 崧甫
					右二左六 靜觀
					左右三 望遠
					左右四 榕軒
					左五右十八 如玉
					右五左七 昆榮
					右七左十三 朝枝
					左八右十七 吞雲
					右八左十六 杏洲
					左九右十三 廷魁
					右九左十二 春生
					左十右十四 景岳
					右十 景福
昭和十一年十一月二日	一四〇號（頁十四）	瀛社同意吟會（擊鉢錄）	畫月（中秋觀月會）	左詞宗歐劍窗右詞宗黃笑園	左元右十一 陳毓癡
					右元 陳有梅
					左眼 林子惠
					右眼左八 鄭文治
					左花 連林榮
					右花左十二 施運斧
					左四右五 何夢酣
					右四左九 賴獻瑞
					左五 黃承順
					左六 陳伯華

					右六左十四　倪登玉 左七右避　黃笑園 右七左十　李世昌 右八左十五　王小汀 右九　劉萬傳 右十　王國藩
昭和十一年十一月十六日	一四一號 （頁八）	鼎社 （第二回聯吟首唱）	基津櫓聲	左詞宗 李石鯨 右詞宗 張廷魁	左一右四　郭靜觀 右一左十一　張鶴年 左二右十三　蔡清揚 右二左八　黃景岳 左花右十九　簡穆如 右三　林義德 左四右六　劉春亭 左五右十四　黃希洋 右五　吳郁文 左六右十七　何崧甫 左右七　林春生 右八左九　林淇園 左十　吳寶琛 右十左避　李石鯨
昭和十一年十二月二日	一四二號 （頁六）	鼎社 （第二回聯吟次唱）	防波堤	左詞宗 陳望遠 右詞宗 蕭水秀	左一右十七　景福 右一　淇園 左右二　穆如 左三　清揚 右花左五　道南 左四右六　石鯨 右四左六　酒西 右五　萬森 左七　春亭 右七　廷魁 左八　春生 右八　朝基 左九右十六　劍魂 右九　義德 左十　登瀛 右十　寶琛
昭和十一年十二月二日	一四二號 （頁七）	瀛社同意吟會	嘴花	左詞宗 陳鏦厚 右詞宗 陳友梅	左元右十四　吳紉秋 右元　林連榮 左眼右八　黃笑園 右眼左十二　李慶賢 左花右七　劉萬傳

					右花左十一　歐小窗 左四　少嵐 左五　宋麗東 右五左十三　駱友漁 左六　蔡火慶 右六左八　蔡火慶 左七　陳友梅 左九　何夢酣 右九　陳伯華 右十　洪陽生
昭和十一年十二月二日	一四二號 （頁十九）	大同吟社 （擊鉢錄）	風鈴	左詞宗 豹谷 右詞宗 吞雲	左一右六　穆如 右一右八　同人 左二右八　景岳 右二　鶴年 左三右避　吞雲 右三　照熙 左四　同人 左五　昆榮 右五　淇園 左右七　春亭 左右九　昆榮 左十　登瀛 右十　杏洲
昭和十二年一月一日	一四四號 （頁十一）	瀛社同意吟會（擊鉢）	牽牛花	左詞宗 林連榮 右詞宗 黃笑園	左元右十四　陳友梅 右元左四　歐小窗 左眼　少汀 右二　林連榮 左花右七　耀桃 右花　洪陽生 右四　紉山 左五　黃笑園 右五左十二　小嵐 左六　李慶賢 右六左九　李世昌 左七　黃少頑 左八右十二　冰石 右八　鄭文治 右九　陳毓癡 左十　劉萬傳 右十左十四　賴獻瑞

昭和十二年二月二日	一四六號（頁四）	瀛社（擊鉢）	泥痕	左詞宗 倪登玉 右詞宗 歐少窗	左元右八 李慶賢 右元左臚 林連榮 左眼右十一 賴獻瑞 右眼 倪登玉 左花右六 王小嵐 右花左八 黃笑園 右臚左十 劉萬傳 左五右九 李思齊 右五左十一 陳鏤厚 左六右十三 洪陽生 左右七 王國藩 左九右十 王少汀
昭和十二年二月十九日	一四七號（頁十七）	瀛社（擊鉢）	紹介狀	左詞宗 李慶賢 右詞宗 林逢榮	左元右避 林連榮 右元左七 賴獻瑞 左二右七 劉萬傳 右二左避 李慶賢 左三右四 歐少窗 右三左四 黃笑園 左五右六 郭少汀 右五 宋麗東 左六 王小嵐 左右八 洪陽生 左九右十 吳紉秋 右九左十 陳毓癡
昭和十二年四月一日	一五一號（頁五）	鼎社（第三聯吟會首唱）	貂山曉望（主催貂山吟社）	左詞宗 盧史雲 右詞宗 張鶴年	左右一 莊芳池 左二右避 張鶴年 右二左十四 林淇園 左三右十八 游松年 右三左十二 連清輝 左四右十九 蔡清揚 右四左六 林應秋 左五 黃振芳 右五 陳望遠 右六 杜萬吉 左七 連炎墩 右七 黃希泮 左八右十二 林義德 右八左十五 高惠然 左九 簡如斌 右九左十三 黃景岳 左十右十三 淑卿女士 右十 王松海

昭和十二年四月二〇日	一五一號（頁二十）	瀛社同意吟會（擊鉢）	題雞籠	左詞宗于喬右詞宗獻瑞	左元右眼　友梅 右元左眼　伯華 左花右十一　慶賢 右花左六　紉秋 左四右十　連枝 右四左九　小窗 左右五　笑園 右六左十四　陽生 左七　火慶 右七左十二　萬傳 左八右十三　連榮 右八左避　于喬 左十　成德
昭和十二年五月十一日	一五二號（頁十九）	鼎社（第三回聯吟會次唱）	踏青鞋	左詞宗陳望遠右詞宗莊芳池	左一右十六　簡穆如 右一左九　吳保琛 左二　連炎暾 右二　高惠然 左三右六　吳郁文 右三　張鶴年 左四右十二　林義德 右四左十　黃景岳 左五右十五　杜萬吉 右五左十一　盧史雲 左六右十八　張廷魁 左七右二十　連清輝 右七　游松年 左八　吳麟祥 右八左十二　張信坤 右九左十九　簡如斌 右十　黃振芳
昭和十二年六月八日	一五四號（頁十四）	瀛社	名士轍 【歡迎鄭鷹秋先生擊鉢】	左詞宗鄭鷹秋右詞宗林述三	左一右十五　純仁 右一　小窗 左二右九　世昌 右二左三　獻瑞 右三左十二　伯華 左四右六　笑園 右四左九　夢酣 左五右避　述三 右五左十一　友梅 左六　小汀 左七　運斧 右七左十五　連榮 左八右十　施松年 右十　紉秋

昭和十二年七月六日	一五六號（頁十四）	鼎社（第四回聯吟會首唱）	採菱舟【主催奎山吟社】	左詞宗莊仁閣右詞宗李石鯨	左元右六　蔡子淘 右元左十三　黃景岳 左二右二十　張佐臣 右二左十五　呂杏洲 左三右十三　陳道南 右三左九　張鶴年 左四右十八　簡穆如 右四左十六　張廷魁 左五右七　黃希洋 右五左十四　郭靜觀 左六右八　林應秋 左七右十一　陳望遠 左八右避　李石鯨 右九　張迺西 左十　林義德 右十左十一　杜霈人 左十二右十六　仁傑 左十五右十八　王吞雲
昭和十二年七月十八日	一五七號（頁六）	鼎社（第四回聯吟會次唱）	雨箭【主催奎山吟社】	左詞宗張佐臣右詞宗吳保琛	左元右十四　陳新淡 右元左八　林義德 左二右八　郭靜觀 右二左四　黃希洋 左三右四　張廷魁 右三左十五　蔡子淘 左四右十一　桃隱 左六右十　蕭水秀 右六左十　簡穆如 左右七　張鶴年 右八左十二　林應秋 左九右十二　李石鯨 右九左十九　黃景岳 左十一右避　吳保琛 左十三右十七　陳道南 右十三左十六　張迺西 左十四　仁傑 右十五　子雲
昭和十二年八月一日	一五八號（頁二十）	瀛社	毀金亭【七月二十五日於基隆】	左詞宗謝雪漁右詞宗魏潤庵	左一右翰六　子珊 右一左十八　夢庵 左二　清敦 右二左七　蘊藍 左三　子珊 右三　子清

時間	期號（頁）	詩社	詩題	詞宗	名次・作者
					左四右避　潤庵 右四左避　雪漁 左五右十一　尊五 右五　子楨 左六右二十　根泉 右六　遂初 左八　紹唐 右八左二十　蔭培 右九　梓桑 左十右十七　蔭培 右十二左十六　碩卿 左十三　錫茲 右十三　蘊藍 左十四　文淵 右十四　子清
昭和十二年八月一日	一五八號（頁十七）	奎山吟社（擊鉢）	雞聲【限文元韻】	左詞宗 杜天棄 右詞宗 蔡子淘	左元右避　榕軒 右元左四　希洋 左二右五　望遠 右二左五　采芹 左三左四　應秋 右三左十六　得慶 左六右十三　逸客 右六左十七　樹勳 左七右十八　迺西 右七左十九　伯棠 左八右十二　甘澍 右八左十二　邦俊 左九右十九　天眷 右九左十五　靜觀 左十右二十　瑞庭 右十左十八　春生
昭和十二年八月十九日	一五九號（頁二十）	瀛社	毀金亭【與一五八期頁二十同】	左詞宗 謝雪漁 右詞宗 魏潤庵	左一右翰六　子珊 右一左十八　夢庵 左二　清敦 右二左七　蘊藍 左三　子珊 右三　子清 左四右避　潤庵 右四左避　雪漁 左五右十一　尊五 右五　子楨 左六右二十　根泉

					右六 遂初 左八 紹唐 右八左二十 蔭培 右九 梓桑 右十右十七 蔭培 右十二左十六 碩卿 左十三 錫茲 右十三 蘊藍 左十四 文淵 右十四 子清
昭和十二年九月二十二日	一六一號 （頁五）	瀛社（擊鉢）	墨牡丹	左詞宗 連榮 右詞宗 慶賢	左一右避 慶賢 右一左十五 獻瑞 左二右四 夢酣 右二左十二 寶樹 左三 雪峰 右三左五 笑園 左四右十一 少儀 右五 伯華 左六右九 陽生 右六 哉培 左七 慶賢 右七左十四 清敦 左八右十四 紉秋 左九右十五 雪岩 左十右十三 萬傳
昭和十二年九月二十二日	一六一號 （頁十二）	奎山吟社	七夕雨	左詞宗 香圃 右詞宗 鐵梅	左元右十三 展雲 右元左三 榕軒 左眼右五 希洋 左眼左避 梅癡 右三左四 子淘 右四左八 望遠 左五右八 春生 左右六 邦俊 左七右十五 伯棠 右七左十 清揚 左九右十二 甘澎 右九左十一 天賜 左十二右十四 錫三 右十一左十三 應秋
昭和十二年十月六日	一六二號 （頁二二）	瀛社（擊鉢吟）	病醫	左詞宗 伯華 右詞宗 獻瑞	左一右六 寶樹 右一左九 連榮 左二右十五 少儀 右二左三 慶賢

					右三左七　運斧 左四右避　書雲 右四左五　夢酣 右五左十二　失名 左六　小汀 右七　慶賢 右八左十五　運斧 右九左十四　小窗 左十　小嵐 右十左十一　陽生
昭和十二年十月二〇日	一六三號（頁十六）	瀛社（擊鉢）	秋痕	左詞宗李慶賢 右詞宗賴獻瑞	左一右四　宛清 右一左三　笑園 左二右避　書雲 右二左十一　陽生 右三　文治 左四　萬傳 左五右十二　水石 右五　紉秋 左六右十四　連榮 右六左避　慶賢 左七　揚善 右七左十三　世昌 左八　夢酣 右八　連榮 右九　慶賢 左十　伯華 右十　冰石
昭和十二年十一月四日	一六四號（頁十九）	瀛社（擊鉢吟）	燭淚	左詞宗笑園 右詞宗伯華	左一右避　伯華 右一左避　笑園 左二右四　獻瑞 右二左五　小汀 左右三　連榮 左四右八　少儀 右五左六　陽生 右六左九　小嵐 左右七　慶賢 左八右九　萬傳 左右十　亦元
昭和十三年一月十八日	一六九號（頁六）	瀛社（例會）	虎、戊婦（分詠格）	江蘊和選	一　雪漁 二　炳煌 三　潤庵 四　悌欽

					五　根泉 六　瀛洲 七　蘊藍 八　子珊 九　夢梅 十　梓桑 十一　瀛洲 十二　金土 十三　尊五 十四　子惠 十五　尊五 十六　清敦 十七　自新 十八　振傳 十九　銀城 十二　子楨
昭和十三年一月十八日	一六九號（頁六至頁七）	瀛社	心業（鷺拳格）	謝雪漁選	一　潤庵 二　炳煌 三　文淵 四　根泉 五　子清 六　瀛洲 七　子珊 八　古漁 九　清敦 十　金土 十一　梓桑 十二　子惠 十三　自新 十四　夢庵 十五　蘊和 十六　夢梅 十七　子楨 十八　尊五 十九　周鈕 二十　蘊藍
昭和十三年一月十八日	一六九號（頁七）	奎山吟社	畫菊 【歡迎梅樵詞長芝生畫伯及大同諸君子】	左詞宗施天鶴 右詞宗李璞亭	左元右四　希泮 右元左七　望遠 左二右十二　應秋 右二左十六　文峰 左三右十六　桂村 右三左避　梅樵

					左四右十一　桂村
					左五右十四　樹青
					右五左八　邦俊
					左六左八　春生
					右六左十　景岳
					右七左十五　芝生
					右八左十二　繼參
					右九左十一　伯棠
					左十三右十七　杏洲
					右十四左避　鐵梅
					左十五右十八　得慶
					左十六右避　璞亭
					右十六左避　天鶴
昭和十三年二月二十日	一七一號（頁十一）	瀛社（例會）	水鏡	左詞宗林淇園右詞宗卓夢庵	左一右七　寶樹 右一左六　笑園 左二　清墩 右二　連榮 左三　夢庵 右三左九　夢酣 左右四　蘊藍 左五右九　子惠 右五　文治 右六左七　陽生 左右八　伯華 右十　梅徑
昭和十三年三月六日	一七二號（頁十四）	瀛社（花朝年例會）	詩腸	左詞宗林述三右詞宗歐劍窗	擬作　林述三 左一右十一　歐小窗 右一左八　賴獻瑞 左二右十五　郭小汀 右二左十四　林連榮 左右三　童梅徑 左四右十　黃笑園 右四左十　郭少儀 左五右十二　傅秋鏞 右五左十五　李慶賢 左六　何夢酣 右六左十一　寶樹 左右七　陳伯華 右八左十二　王小嵐 左九右十四　劉萬傳 右九左十三　駱友梅

昭和十三年四月二日	一七四號（頁九）	瀛社（擊缽）	對鏡	左詞宗 謝汝銓 右詞宗 謝尊五	左元右十六 駱子珊 右元左七 魏潤庵 左眼右十四 林子惠 右眼左避 謝雪漁 左花右十八 許梓桑 右花左五 倪炳煌 左右臚 林夢梅 右五左十五 賴子清 左六右七 林子楨 右六左十 簡荷生 左七右十三 陳古漁 左右八 張瀛洲 左九 吳金土 右九左十三 林清敦 右十左十一 卓夢庵
昭和十三年四月十七日	一七五號（頁八）	瀛社鷺洲聯吟（首唱）	落花風	左詞宗 杜仰山 右詞宗 黃笑園	左一 林錫牙 右一左九 郭少儀 左二 賴獻瑞 右二左七 林連榮 左三 李慶賢 右三左五 林子惠 左四右十四 林夢梅 右四左十五 陳友梅 左五 郭少汀 左六左八 林錫牙 右六 同人 右七 張揚善 左七 賴獻瑞 右九 歐小窗
昭和十三年五月三日	一七六號（頁十）	瀛社鷺洲聯吟（次唱）	美人影	左詞宗 夢梅 右詞宗 世昌	左一右四 夢庵 右一左八 秋鏞 左二右避 世昌 右二左避 夢梅 左三 錫牙 右三左五 嘯峰 左四 梅徑 右五 萬傳 右六 銅臭 左七 小窗 右七 笑園 左九右十二 友梅 左十 冰石 右十 伯華

昭和十三年六月十六日	一七九號（頁八）	瀛社（月例會）	貧民窟	左詞宗伯華 右詞宗連榮	左一右十三 林錫牙
					右一左二 傅秋鏞
					右二左九 郭小汀
					左三 黃笑園
					左四右十四 林銅臭
					右三 黃栽培
					右四左七 林子惠
					左五右九 何夢酣
					左五右十三 林清敦
					左六右十 童梅徑
					右六 賴獻瑞
					右七左十一 鄭文治
					左八右十一 黃雪岩
					右八左十 翁寶樹
昭和十三年六月十六日	一七九號（頁八）	瀛社	搖籃	左詞宗笑園 右詞宗錫麟	左一右八 陳友梅
					右一左八 傅秋鏞
					左二右三 林錫牙
					右二 郭小汀
					左三 李慶賢
					左四 林連榮
					右四 何夢酣
					左五右九 翁寶樹
					右五左七 陳伯華
					左六右十五 童梅徑
					右六 賴獻瑞
					右七 天奎
					左九 林清敦
					右十左避 鐵屐生
昭和十三年八月四日	一八二號（頁八）	瀛社（月例會）	妬婦津	左詞宗錫牙 右詞宗秋鏞	左元右避 秋鏞
					右元左避 錫牙
					左眼右花 伯華
					右眼左花 錫麟
					左四 梅徑
					右四左九 清敦
					左五 惟明
					右五左七 笑園
					左六右十 少儀
					右六 連榮
					右七左十 夢酣
					左八右九 少嵐
					右八 慶賢

昭和十三年八月四日	一八二號（頁八）	瀛社（次唱）	念珠	左詞宗夢酣 右詞宗笑園	左元右六　惟明 右元左六　梅徑 左眼　錫牙 右眼　夢酣 左花　萬傳 右花　郁文 左四右七　清敦 右四　連榮 左五　獻瑞 右五左九　伯華 左七　栽培 左八　揚善 右八　淇園 右九　少儀 左右十　慶賢
昭和十三年十月十七日	一八七號（頁九）	大同吟社（擊鉢）	浮橋步月	左詞宗一泓 右詞宗鶴年	左一右四　摩南 右一左二　昆榮 右二左避　一泓 左三右避　鶴年 右三左九　穆如 左四右五　昆榮 左五右八　景岳 左六右十　劍魂 右六左十　吞雲 左七右九　漢生 右七左八　港都
昭和十三年十一月三日	一八八號（頁十一）	大同吟社（擊鉢）	紅茶	左詞宗子村 右詞宗鶴年	左一右避　鶴年 右一左五　杏洲 左二右九　吞雲 右二左四　景岳 左三右五　穆如 右三左六　景岳 右四左七　穆如 右六左避　子邨 左右八　劍魂 左九　季眉 左十　昆榮 右十　杏洲
昭和十三年十二月二日	一九〇號（頁二〇）	瀛社（例會）	睡魔	左詞宗黃笑園 右詞宗傅秋鏞	左一　李慶賢 右一左九　林錫牙 左二　傅秋鏞 右二　何夢酣

					左三右十四　賴獻瑞 右三左四　鄭文治 右四左七　劉萬傳 左五右六　林連榮 右五左十六　林清敦 左六右九　洪讓仁 右七左十五　歐陽秋生 左八右十一　郭少儀 右八左十一　林爾崇 左十　林銅臭 右十　林安邦
昭和十四年一月二十一日	一九三號 （頁十二）	瀛社	餞歲	左詞宗 許梓桑 右詞宗 謝尊五	左一右三　神義 右一　蘊藍 左二右五　子珊 右二左十七　夢梅 左三右八　悌欽 右四　雪漁 左四右二十　瀛洲 左五右十三　振傳 左六右十九　根泉 右六左十二　望遠 左七右十四　炳煌 右七左十　子楨 左八右十五　明德 左九右十七　福林 右九　寶亭 右十左二十　吉漁 左十一　清敦 右十一左十三　立峰 右十二　夢庵
昭和十四年三月五日	一九六號 （頁十一）	瀛社（例會首唱）	子曰店	左詞宗 林錫麟 右詞宗 李慶賢	左一右七　黃笑園 右一左避　林錫麟 左二右四　周惟明 右二左三　林錫牙 右三左五　歐陽秋生 左四　賴獻瑞 右五　劉萬傳 左六右避　李慶賢 右六左九　雪峰 左七右八　陳國藩 左八右九　洪陽生 左右十　鄭文治

昭和十四年三月十八日	一九七號（頁十三）	瀛社（例會次唱）	過溝菜	左詞宗周惟明 右詞宗林錫牙	左右一 林錫麟 左二右三 黃笑園 右二 歐陽秋生 左三 鄭文治 左四 賴獻瑞 右四左五 黃雪岩 右五左八 雪峰 左六右九 陳國藩 右六左九 劉萬傳 左七右十 洪陽生 右七左十 李慶賢 右八 少嵐
昭和十四年四月十七日	一九九號（頁十四）	鼎社（第五回擊鉢例會）	柳煙 【由大同吟會主辦，去古曆二月六日，開於基隆新高樓。】	左詞宗吳蔭培 右詞宗許迺蘭	左一右二 清揚 右一左四 樹青 左二右十四 昆榮 左三右九 德昌 右三左五 啟明 右四左八 靜觀 右五左十八 玉堂 左六右二十 淇園 右六左十四 景岳 左右七 木桂 右八 登瀛 左九 夢花 左十 迺蘭 右十左十一 石鯨 右十一左二十 金塔 左十二 慶雲 右十二 展生 左十三 一泓
昭和十四年四月十七日	一九九號（頁十九）	大同吟社（小集）	無題 【花月初八夜，集春嬌曉翠閣小宴，為春亭君將之粵東也。酒酣以春字冠首，嬌字押韻，各賦無題一章，藉誌鴻爪。】		春亭、一泓、季眉、香嚴、穆如、訪梅、美初、恨人、景岳、房山、萍子、鄞江生、昆榮、漢生、樂樂。
昭和十四年五月三日	二〇〇號（頁八）	鼎社（次唱）	燕剪	左詞宗李石鯨 右詞宗張廷魁	左一右六 照熙 右一 德昌 左二 啟明 右二 石鯨 左三右十五 清揚

					右三左十　季眉 左臚　景岳 右四左十三　箋石 左五　望遠 右五左九　靜觀 左六　雨邨 左七右九　玉堂 右七左十五　漢生 左八右十六　一泓 右八左十一　穆如 右十左十二　松海 右十一　金鍊 右十二　吞雲 右十三左十九　夢華 左十四　鄭蘭 右十四左十七　柳青
昭和十四年七月四日	二〇四號（頁十六）	瀛社（例會）	田家樂	左詞宗魏潤庵 右詞宗李碩卿	左元　高文淵 右元左十七　李神義 左眼右花　張瀛洲 右眼　魏潤菴 左花右十六　卓夢菴 左臚右五　許劍亭 右臚左九　陳望遠 左五右十八　黃天雲 左六右十七　林石崖 右六左十六　施瘦鶴 左右七　陳根泉 左八　李碩卿 右八左十一　蔡清揚 右九左十三　葉蘊藍
昭和十四年九月一日	二〇八號（頁七）	瀛社	雨港歸帆	左詞宗林石崖 右詞宗卓夢菴	左一右十六　石鯨 右一左四　文淵 左二右十三　明安 右二左十　根泉 左三右十四　子珊 右三左十九　蘊藍 右四左五　季眉 右五左六　桃隱 右六左九　廷魁 左七右十七　永祿 右七左十二　子楨 左八右避　夢菴

					右八左避 石崖 右九左十五 梓桑 右十左十三 雨邨
昭和十四年.九月十七日	二〇九號（頁十二）	鼎社（第六回擊鉢）	產業報國 【由貂山吟社主辦】	左詞宗 李碩卿 右詞宗 張季眉	左元右避 季眉 右元 根茹 左眼右九 蔭培 右眼左五 藝秋 左花右十九 惠然 右花 昆榮 左臚右十三 展雲 右臚 義德 右五 朝瑞 左六 松海 右六 雨邨 左七 德昌 右七 年豐 左右八 榮枝 左九 清輝 左十 芳池 左十右避 碩卿
昭和十四年十月一日	二一〇號（頁九）	鼎社（次唱）	啖香魚	左詞宗 吳蔭培 右詞宗 陳望遠	左一右二 穆如 右一 惠然 左二右八 子淘 左三右五 石鯨 右三左十二 樹青 左四 書淵 右四左十 明安 左五右避 望遠 左六右十 義德 右六 藝秋 左七 慶雲 右七 廷魁 左八右十六 登瀛 左九右十一 榮枝 右九 季眉
昭和十四年十一月二日	二一一號（頁五）	大同吟社	畫餅	左詞宗 李碩卿 右詞宗 高惠然	左一右六 穆如 右一 吞雲 左二右避 惠然 右二左七 季眉 左三 登瀛 右三 雨邨 左四右九 景岳

					右四左避　碩卿 左五　穆如 右五左九　梓桑 左六　季眉 右七左避　石鯨 左八　漢生 右八　笠雲 左右十　淇園
昭和十四年十一月十七日	二一二號（頁十二）	大同吟社	孔子誕辰	左詞宗 張簧川 右詞宗 周伯達	左一右避　伯達 右一左六　笠雲 左二　白鷗 右二左四　吞雲 左三右十　雨邨 右三左避　篁川 右四左五　杏洲 右五左十一　陳雪峰 右六左七　景岳 左八右九　龍光 右八左十三　昆榮 右九　明祿 左十　陽生
昭和十四年十二月四日	二一三號（頁十二）	大同吟社	登高	左詞宗 洪陽生 右詞宗 劉明祿	左一右五　篁川 右一　吞雲 左二　同人 右二左避　陽生 左三　劍魂 左四　李金鍊 右四左六　福雄 左五右十四　達修 右六　景岳 左七右十一　杏洲 右七　穆如 左八　淇園 右八　張笠雲 右九左十五　同人 左十右十五　淇園 左十一　昆榮 右十一　昆榮 右十二　白鷗 左十三　一泓 右十三　陳雪峰

昭和十四年十二月二十日	二一四號（頁十一）	大同吟社（臨時小集）	紅葉【詞宗註：嘗遊臺東知本溫泉，見懸崖紅葉樹四季皆紅故云。】	左詞宗 李石鯨 右詞宗 許梓桑	左一右六 張笠雲 右一左避 石鯨 左二右避 許迺蘭 右二左三 林淇園 左四右八 陳雪峰 右四左七 李白鷗 左右五 李劍魂 左六右七 德茲 左八右九 劉春亭 左九右十 劍魂 左十 重明
昭和十四年十二月二十日	二一四號（頁十四）	鼎社聯吟會【主催奎山吟社】	霧中花	左詞宗 李石鯨 右詞宗 張笠雲	左元右十二 景福 右元左六 望遠 左右眼 天賜 左右花 展雲 左右臚 樹青 左五右十三 子淘 右五左十一 德昌 右六左十四 雨村 左七右十一 春生 右七左避 石鯨 左右八 麗生 左九右十 如玉 右九左十 穆如
昭和十五年一月一日	二一五號（頁十）	奎山吟社（擊鉢錄）	出潭龍	左詞宗 李石鯨 右詞宗 蔡子淘	左右元 望遠 左右眼 樹青 左花右五 玉堂 右花左四 德昌 右四左七 浩然 左五右十一 展雲 左六右八 夢吟 右六左十 錫三 右七左九 濟盈 左八 伯棠 右九左十 白鷗 右十 興岐 左十二右十六 北崖 左十三右十四 少均 右十三左十四 及鋒 左右十五 拱辰

昭和十五年一月一日	二一五號（頁二十）	大同吟社（小集）	龍門	左詞宗張簧川　右詞宗李碩卿	左一　石鯨 右一　篁川 左二右七　景岳 右二　達修 左三右四　鶴年 右三　達修 右四　石鯨 左五右六　鶴年 右五　篁川 左六　石鯨 左七右八　鶴年 左八　景岳 左七右八　鶴年 左八　景岳 左九右十　雨邨 右九左十　雨邨
昭和十五年一月一日	二一五號（頁二十一）	曉鐘吟社	西郊（鶴頂格）	左詞宗黃昆榮　右詞宗黃景岳	左一右八　杜碧嵐 右一左三　同人 左二　杜毓洲 右二左四　褚萬定 右三左十八　陳臥雲 左五　毓洲 右五　萬定 左右六　笠雲 左七　蔚庭 右七左十三　笠雲 左九　簑客 右九左十　毓洲 右十左二十　笠雲
昭和十五年一月一日	二一五號（頁二四）	鼎社聯吟會	踏雪驢【奎山吟社主催】	左詞宗蔡景福　右詞宗吳如玉	左一右避　如玉 右一左五　望遠 左二右七　展雲 右二左十一　景岳 左三右十四　靜觀 右三左十一　天賜 左四右十一　笠雲 右四左十七　清揚 右五左避　景福 左六　梅洲 右六左九　少筠 左七右十六　樹青

日期	號數	詩社	詩題	詞宗	名次
					左右八　玉堂 右九　雨村 左十右十七　德昌 右十左十三　石鯨
昭和十五年一月二十三日	二一六號（頁九）	曉鐘吟社（課題）	曉鐘	左詞宗張一泓　右詞宗黃景岳	左一右九　笠雲 右一左七　子忠 左二右八　昆榮 右二左五　曉郭 左三　昆榮 右三　十菊 左四　昆榮 右四　秋陽 右五左九　藝秋 左六　子忠 右七　蔚庭 左八　鯨聲 左十　鄉下人 右十　子忠
昭和十五年一月二十三日	二一六號（頁十六）	大同吟社	新雨【歡迎黃傳心先生】	左詞宗黃傳心　右詞宗李石鯨	左一右二　張笠雲 右一左避　黃傳心 左二　笠雲 左右三　同人 左四　謝藝秋 右四左七　黃種人 左五右避　李石鯨 右五左避　黃傳心 左右六　陳泰山 右七左十　張雨邨 左八右九　藝秋 右八　種人 左九右十　黃昆榮
昭和十五年一月二十三日	二一六號（頁十六）	奎山吟社	搗藥兔	詞宗李碩卿	一　展雲 二　望遠 三　濟盈 四　白鷗 五　金塔 六　玉堂 七　錫三 八　興岐 九　夢吟 十　北崖

昭和十五年二月五日	二一七（頁九至頁十）	奎山吟社	催詩缽	左詞宗璞亭右詞宗榕軒	左元右三 望遠 右一左四 濟盈 左右二 樹青 左花右十三 興岐 右四左八 玉堂 左五右十二 少筠 左五右十二 展雲 右六左九 凌秋 左右七 錫三 右八左十四 德昌 右九左十三 甘澍 左十右十一 一新 右十左十一 及鋒
昭和十五年二月五日	二一七號（頁十）	大同吟社	新高山【歡迎洪特授先生】	左詞宗洪特授右詞宗李石鯨	左右元 昆榮 左眼右花 福雄 左眼右花 福雄 左花 石鯨 左右四 燧初 右五 石鯨 右五左九 昆榮 右七 雨邨 左右八 燧初 右九 洪特授 右十 洪特授
昭和十五年二月五日	二一七號（頁十五）	曉鐘吟社	曉鐘（魁斗格）	左詞宗一泓右詞宗景岳	左一右十五 笠雲 右一 十菊 左二 景岳 右二左五 捏生 左三右十一 碧嵐 右三左四 君謀 右四 昆榮 右五左九 捏生 左六右十三 蔚庭 右六 昆榮 左右七 藝秋 左八右十 昆榮 右八 昆榮 左十右十三 鄉下人
昭和十五年二月十八日	二一八號（頁六）	奎山吟社	虎穴	左詞宗李璞亭右詞宗蔡榕軒	左右一 樹青 左二右五 展雲 右二左十 望遠 左三右四 玉堂

					右三左六 錫三 左四右十 德昌 左五右六 興岐 左七右八 少筠 右七左八 及鋒 左右九 受丹 左十右十三 濟盈 右十一左十二 凌秋 右十二左十三 夢吟
昭和十五年三月一日	二一九號（頁十）	奎山吟社	美人腰	李璞亭先生選	元 樹青 眼 夢吟 花 望遠 四 興岐 五 玉堂 六 少筠 七 濟盈 八 德昌 九 北崖 十 及鋒
昭和十五年三月二十日	二二〇號（頁十）	鼎社（第八期首唱）	探驪（齊韻）【會場聯文「勝會值三三禊畢驪珠探頷下，高朋來一一詩成虹玉吐胸中」】	左詞宗盧史雲右詞宗許梓桑	左一 象新 右一左六 樹青 左眼右十五 一泓 右二左三 鶴年 右三左十七 漢生 左四右十八 子淘 右四 昆榮 左五右十二 得蒼 右五左九 芳池 右六左十六 春生 左七右十九 石鯨 右七左十五 廷魁 左八右十四 靜淵 右八 景福 右九左十九 水秀 左十右避 迺蘭 右十 木桂
昭和十五年三月二十日	二二〇號（頁十一）	鼎社 詩畸（三唱）	獅球嶺（鼎足格）	左詞宗莊芳池右詞宗陳望遠	左一右十一 雨邨 左一左八 景岳 左二右七 漢生 右二左避 芳池 左三右六 史雲 右三左十五 石鯨

					左四右避　望遠 右四左十九　玉堂 左五　靜淵 右五左六　樹青 左七　廷魁 右八左十七　興岐 左九右十八　子淘 右九　福雄 左右十　得蒼
昭和十五年五月八日	二二三號（頁十二）	大同吟社	陳蕃楊 【歡迎鄭坤五先生擊鉢】	左詞宗 鄭坤五 右詞宗 許梓桑	左一右九　鶴年 右一左避　坤五 左右二　石鯨 左三右四　石鯨 右三左避　坤五 左四右六　笠雲 左五右十二　雪軒 右五左十三　雨邨 左六右十　鶴年 左七右八　道南 右七左十一　景岳 左八右十五　藝秋 左九右避　酒蘭 左十右十三　吞雲 右十一左十三　昆榮 右十四　菊哥
昭和十五年五月二十一日	二二四號（頁十六）	大同吟社	歸帆 【1、歡迎蔡伯毅先生。 2、此期頁四及二二七期頁十三，分別載有張雨邨及黃昆榮所寫的基隆八斗子八景詩。】	左詞宗 蔡北崙 右詞宗 李碩卿	左一右避　石鯨 左一右避　北崙 左二右六　藝秋 右二左七　景岳 左三右五　景岳 右三左九　穆如 左右四　昆榮 左五　昆榮 左六右九　道南 右七左八　藝秋 右八左十　穆如 右十　雨邨
昭和十五年六月十五日	二二五號（頁十六）	大同吟社	初日 【歡迎蘇鴻飛先生擊鉢】	左詞宗 蘇鴻飛 右詞宗 李石鯨	左一右十四　雨邨 右一左避　鴻飛 左二右避　石鯨 右二左九　笠雲 左三右避　石鯨

					右三左八 景岳 左四右六 道南 右四左十三 石庵 左五右十一 景岳 右五左避 鴻飛 左六右七 笠雲 左七右九 雪軒 右八左十五 雪軒 左十右十三 雨邨 右十左十三 雪軒
昭和十五年六月二十七日	二二六號 （頁十二）	大同吟社	雨粟	左詞宗 許迺蘭 右詞宗 李石鯨	左一右避 石鯨 右一左二 鶴年 右二左三 泰山 右三左避 迺蘭 左右四 景岳 左五右六 登瀛 右五左六 雨邨 左右七 火生 左八右十 可一 右八左九 雪軒 右九 藝秋 左十 雪軒
昭和十五年六月二十七日	二二六號 （頁二十）	瀛社 例會	節米	左詞宗 謝雪漁 右詞宗 李碩卿	左一右三 魏潤庵 右一左三 林清敦 左右二 黃贊鈞 左四右十 劉學三 右四左六 葉蘊藍 左五 高文淵 右五左十五 張瀛洲 右六 卓夢庵 左七 李碩卿 右七左十四 許梓桑 左八右十喔 駱子珊 右八左十一 李神義 左右九 郭靜觀 左十右十六 林子惠
昭和十五年八月一日	二二九號 （頁十四）	瀛社（例會 首唱）	測海蠡	左詞宗 謝尊五 右詞宗 賴子清	左一右八 梓桑 右一左十四 紹唐 左二右四 登瀛 右二左廿四 潤庵 左三右十 自新 右三左八 夢庵

					左四右十五　夢梅
					左五右九　張香翰
					右五左廿七　廷魁
					左六右十六　子珊
					右六左十九　曉郭
					左七右十七　望遠
					右七左廿三　清敦
					左九右廿八　根泉
					左十右十三　子惠
昭和十五年九月一日	二三一號（頁五）	瀛社（次唱）	戲水鷗	左詞宗謝雪漁　右詞宗魏潤庵	左一右十一　自新
					右一左四　文淵
					左二右十四　清敦
					右二左二十　根泉
					左三右避　潤菴
					右三左七　子惠
					右四左五　石鯨
					左六右十六　梓桑
					右五左十六　清揚
					右六左十五　神義
					右七左十三　夢菴
					左八右十九　學三
					右八左十七　夢梅
					左九右十五　賴子清
					右九左避　雪漁
					左十右廿二　望遠
					右十左廿七　廷魁
昭和十五年九月十五日	二三二號（頁十八）	奎山吟社（擊鉢錄）	蘆筆	李碩卿先生選	一　望遠
					二　得蒼
					三　展雲
					四　濟盈
					五　玉堂
					六　德昌
					七　少筠
					八　受丹
					九　樹青
					十　梦吟
昭和十五年十月十八日	二三四號（頁十三）	奎山吟社（擊鉢）	葉聲	李石鯨選	一　樹青
					二　德昌
					三　玉堂
					四　望遠
					五　受丹
					六　展雲

					七　興岐 八　得蒼 九　小筠 十　夢吟
昭和十五年十月十八日	二三四號 （頁二十）	大同吟社	壁經	左詞宗 許梓桑 右詞宗 張一泓	左一　昆榮 右一左八　登瀛 左二　淇園 右二左十八　吞雲 左三右五　石鯨 左四右十八　景岳 右四左十七　登瀛 左五　昆榮 左六右八　石鯨 右六左十五　泰山 左七右十一　石鯨 右七左十九　吞雲 右九　泰山 左十右十九　石鯨 右十　泰山
昭和十五年十一月二日	二三五號 （頁十三）	大同吟社 （重陽小集）	月痕	左詞宗 黃種人 右詞宗 陳泰山	左元泰山 右一左七　吞雲 右二左避　景岳 左二　泰山 左三右五　吞雲 左四右八　秀朗 右四左避　景岳 左五右九　淇園 左六　道南 右六　昆榮 左八　崧甫 左九　秀朗 左十　半痴 右十　浪淘
昭和十五年十一月十九日	二三六號 （頁十六）	大同吟社	驥足（寒韻） 【送許梓桑先生上京參祝皇紀盛典】	左詞宗 許梓桑 右詞宗 李石鯨	左右一　穆如 左二右十二　雪軒 右二左十一　香翰 左三　雪樵 右三　香翰 左四右十八　雪樵 右四左十六　淇園 左五右二十　曉齋 右五　吞雲

					左六　雨邨 右六　一泓 左七　雪軒 右七　笠川 左八　道南 右八　昆榮 左九右十一　吞雲 右九左二十　香翰 左右十　道南 左十二　崧甫 左十三　崧甫 右十三左十五　景岳 左十四　石鯨 右十四　梓桑
昭和十五年十二月十七日	二三八號（頁十六）	鼎社聯吟會	雙溪垂釣	左詞宗 李石鯨 右詞宗 蕭獻三	左一右避　獻三 右一　樹德 左二右十三　泰山 右二左六　史雲 左三　樹青 右三　得蒼 左四　松海 右四左十四　吞雲 左五右七　望遠 右五　芳池 右六左十二　星舫 右七　展雲 左八右十四　指薪 右八左避　石鯨 左九　淇園 右九　榮枝 左十　德昌 右十左十六　蔭庭。
昭和十五年十二月十七日	二三八號（頁十七）	大同吟社	穿楊枝【社友雨村君次男彌月誌賀吟】	左詞宗 許逎蘭 右詞宗 李石鯨	左一右一　一泓 右一　雨村 左右二　吞雲 左三右十八　星舫 右三左十七　清揚 左四　淇園 左五　淇園 右五左九　星舫 左六右十九　昆榮 左七　雪宙

					左八右十四 得蒼 右八 吞雲 右九左十二 星舫 左十右避 石鯨 右十左十四 得蒼
昭和十五年十二月十七日	二三八號（頁二十）	奎山吟社（擊鉢錄）	金人口	左詞宗 李及青 右詞宗 黃展雲	左元右花 石鯨 右元左花 望遠 左眼右五 石鯨 右眼左六 得蒼 左四右避 展雲 右四左八 退嬰 右六左九 錫三 左七右十 逸民 右七左十一 伯堂 右八左避 及青 右九左避 夢吟 左右十 錫三
昭和十六年一月一日	二三九號（頁四十）	奎山吟社	脫蛻蛇	左詞宗 李石鯨 右詞宗 陳泰山	左元 得蒼 右元左眼 展雲 右眼 浩然 左花右臚 及青 右花 興岐 左臚右六 夢吟 左五 望遠 右五 立中 左六右七 及鋒 左七 伯棠 左八 樹青 右八 玉堂 左九 少筠 右九 閒雲 左右十 竹窗
昭和十六年一月一日	二三九號（頁五十）	鼎社聯吟會	金鵄	左詞宗 盧史雲 右詞宗 陳望遠	左一右三 少筠 右一左二十 德昌 左二 書淵 右二左十五 振芳 左三右八 炳文 左右四 得蒼 左五右九 芳池 右五左十 樹青 左六 望遠 右六左十六 靜觀

					左七　泰山 右七　清揚 左八右十七　淇園 左九　蔭庭 右十左十七　展雲
昭和十六年二月四日	二四一號 （頁十）	瀛社（新春雅集）	茶經	左詞宗 贊鈞 右詞宗 克明	左一右二十　清秀 右一左八　蘊藍 左二　雪漁 右二左九　根泉 左三右四　潤庵 右三　梓桑 左四右四　子珊 右五左六　炳煌 右五左十五　文淵 左六右十五　瀛洲 左右七　神義 右八左十六　崇禮 左十右十三　石崖 右十　香圃
昭和十六年二月四日	二四一號 （頁十六）	奎山吟社	護花鈴	左詞宗 李退嬰 右詞宗 黃種人	左元　樹青 右元　夢吟 左二右七　半村 右二左三　玉堂 右三　得蒼 左四右十　展雲 右四左八　少筠 左五右六　浩然 右五左七　德昌 左六　望遠 右八左九　興岐 右九　榕城 左十　濟盈
昭和十六年二月十八日	二四二號 （頁十三）	大同吟社	梅魂 【歡迎黃景南先生】	左詞宗 黃景南 右詞宗 張鶴年	左右一　李碩卿 左二　笠雲 右二左三　景岳 右三　黃景南 左四　笠雲 右四左八　景岳 右五　黃景南 左五右六　泰山 左六右七　杏洲 左七右八　景岳

昭和十六年三月二日	二四三號（頁十三）	大同吟社（十周年紀念擊鉢首唱）	上元灯	左詞宗許迺蘭右詞宗李石鯨	左一 石鯨 右一左七 泰山 左二右八 登瀛 右二 迺蘭 左三右五 昆榮 右三左四 道南 左五右十一 永祿 右五左九 笠雲 左六右十七 秀朗 右六左十 雨邨 右七左十四 吞雲 左八右十二 漢生 右九左十六 穆如 右十左十五 崧甫 左十一右十五 景岳 左十二右十六 一泓 左十三右十四 淇園 左十三右十七 雪樵 左右十八 火生
昭和十六年三月二十一日	二四四號（頁十七）	大同吟社（十周年紀念擊鉢次唱）	扶輪手	左詞宗張一泓右詞宗黃昆榮	左一右十四 穆如 右一左二 石鯨 右二左六 登瀛 左三右十八 崧甫 右三左十一 迺蘭 左四右十五 吞雲 右四左八 永昌 左五右十七 景岳 右五左九 泰山 右六左十二 漢生 左七 昆榮 右七左十四 道南 右七左十 笠雲 右九左十六 雪樵 右十左十五 秀朗 右十一左十八 火生 右十二左十七 雨村 左十三右十九 永祿 右十三左十九 淇園 右十六 一泓
昭和十六年三月二十一日	二四四號（頁二十二）	奎山吟社	過橋杖	左詞宗李碩卿右詞宗蔡子淘	左元右十三 展雲 右元左十四 望遠 左二右十一 尚璵女士 右二左十 浩然

					左三右四 半村
					右三左九 玉堂
					左四右十二 明安
					左五右六 月娥女士
					右五左十二 樹青
					左六右十四 濟盈
					左七右十 得蒼
					右七左十六 少筠
					左右八 立中
					右九左十一 德昌
昭和十六年三月二十一日	二四四號（頁二十四）	慶餘堂擊鉢吟錄	話雨【1、大同吟社賴照熙軍歸自粵東，三月二日本報社長洒蘭先生特開吟宴為之洗塵。2、擊鉢錄後並附辛巳年重三節前一夜集曉翠閣聯吟。】	左詞宗洒蘭 右詞宗照熙	左右元 穆如\n左二右九 崧甫\n右二左三 一泓\n右三左五 笠雲\n左四右六 道南\n右四左十 景岳\n右五左七 秀朗\n左六右八 淇園\n右七左九 曉齋\n左八右避 照熙\n右十左避 乃蘭
昭和十六年四月二日	二四五號（頁十六）	瀛社	老椿	左詞宗謝雪漁 右詞宗謝尊五	左一右二 神義\n右一左十六 清德\n左二右三 夢梅\n左三 自新\n左右四 碧峰\n左五 瘦鶴\n右五左十三 文淵\n左六右十一 玉明\n右六左九 石崖\n左七右十八 炳煌\n右七左避 雪漁\n左八 瀛洲\n右八左十五 水龍\n右九左十七 梓桑\n左十 子珊\n右十 寶亭
昭和十六年四月二日	二四五號（頁十九）	大同吟社	呼渡【歡迎何隱居詞友】	左詞宗何隱居 右詞宗張笠雲	左右一 景岳\n左二右十一 湘父\n右二左十三 景岳\n左三右避 笠雲\n右三左五 吞雲

					左四右十四 秀朗 右四左十 泰山 右五左十一 吞雲 左六右避 笠雲 右六左七 景岳 右七左九 湘父 左八 秀朗 右八左十二 雨村 右九左十四 青峰 右十左避 隱居
昭和十六年四月十八日	二四六號（頁二十）	大同吟社	海市 【歡迎盧纘祥、蕭獻三、莊禮耕先生諸擊鉢】	左詞宗 盧纘祥 右詞宗 蕭獻三	左一右避 獻三 右一左避 史雲 左二 石鯨 右二左五 禮耕 左三右避 獻三 右三左七 崧甫 左四右九 泰山 右四 笠雲 左五 一泓 右五 禮耕 右六 禮耕 右七 笠雲 左八 穆如 右八 雨邨 左九 淇園 左十 獻三 右十 煙客
昭和十六年五月六日	二四七號（頁十六）	大同吟社（例會）	浣花罍	左詞宗 李石鯨 右詞宗 王雪樵	左元 心帆 右元左四 心帆 左二右十三 泰山 右二 中山秀朗 左三右十七 吞雲 右三左十四 可一 右四左避 石鯨 左五右十四 其寅 右五左十一 昆榮 左六右十九 仲璞 右六左十五 秀朗 左七右十五 君謀 右七左十六 泰山 左八 道南

					右八左避　石鯨 左九右二十　碧嵐 右九左十　煙客 右十　登瀛
昭和十六年五月六日	二四七號（頁二十）	瀛社	養花天（碎錦格）	左詞宗李碩卿 右詞宗林石崖	左元右眼　清德 右元　炳煌 左眼右七　梓桑 左三右十八　問白 右花左十五　文淵 左四右十四　古漁 左臚右避　石崖 右五左避　碩卿 左五右六　瘦鶴 左六右二十　尊五 右七左八　雪漁 右八左十五　寶亭 右九左十　子惠 左九右十　清敦
昭和十六年五月十九日	二四八號（頁十一）	奎山吟社	睡海棠	左詞宗李碩卿 右詞宗蔡子淘	左元右五　興岐 右元左眼　望遠 右眼左花　浩然 右花左九　半村 左臚右八　玉堂 右四左七　明安 左五右七　展雲 左右六　得蒼 左八右十二　樹青 右九左十一　少筠 左右十　德昌 右十一左十二　濟盈
昭和十六年六月四日	二四九號（頁十一）	鼎社（第十回次唱）	黃金夢	左詞宗曾笑雲 右詞宗張廷魁	左一右十二　禮耕 右一左十七　振芳 左二右九　芳池 右二　半村 左三　史雲 右三左九　指薪 左四右十八　獻三 右四左十六　蔭庭 左五　碧嵐 右五左避　笑雲 左六右十六　子淘 右六左十三　得蒼

					左七 吞雲
					右七 浩然
					左十右十 維蕃
					右八 展雲
					左十 梓桑
昭和十六年六月四日	二四九號（頁十三）	大同吟社	雨金【蒼頡夫子祭典】	左詞宗陳望遠　右詞宗張心帆	左一 雙龍
					右一左七 吞雲
					左二右九 立卿
					右二左四 石鯨
					左三右四 碧嵐
					右三 雙龍
					左五 石鯨
					右五 雪樵
					左六 煙客
					右六 雪樵
					右七左九 崧甫
					左八右避 心帆
					右八左十 吞雲
					右十左避 望遠
昭和十六年六月二十二日	二五〇號（頁十九）	大武崙詩學研究會	弄璋	左詞宗郭壽乾　右詞宗黃昆榮	左元右花 程聖坤
					右元左眼 闕志英
					左花 程聖坤
					右眼 陳新丁
					左臚右避 黃昆榮
					右臚 陳新丁
					左右五 聖坤
					左六右避 黃昆榮
					右六 周金柱
					左七右八 柯文獻
					右七左十六 缺
					左八右十四 聖坤
					左九右十 葉秉夷
					右九左十八 陳新丁
					左十右避 黃昆榮
昭和十六年七月四日	二五一號（頁十九）	大同吟社	鵬搏【社友陳道南將之申江壯行擊鉢】	左詞宗陳道南　右詞宗林淇園	左一右五 一竿
					右一 其寅
					左二右八 厭山
					右二左四 穆如
					左三 煙客
					右三 心帆
					右四左六 種人
					左五 泰山
					右六左九 泰山

					左七　穆如
					右七　煙客
					左八右避　淇園
					左九　吞雲
					左十　一竿
					右十左避　道南
昭和十六年七月二十二日	二五二號（頁十）	鼎社	浣女【第十回聯吟會主催奎山吟社】	左詞宗許梓桑右詞宗盧史雲	左一右十一　廷魁
					右一左十五　蔭庭
					左二右三　芳池
					右二　笑雲
					左三　碩卿
					左四右十五　子淘
					右四左十八　指薪
					左五右八　望遠
					右五左十七　泰山
					左六右十九　玉堂
					右六　展雲
					左七　得蒼
					右七左十四　振芳
					左八右十八　獻三
					左九　登瀛
					右九　樹青
					左十右十三　禮耕
					右十左避　梓桑
昭和十六年七月二十二日	二五二號（頁十二）	瀛社（例會次唱）	碧潭月（碎錦格）	左詞宗石厓右詞宗子清	左一　雪漁
					右一　玉明
					左二　失名
					右二左五　尊五
					左三右五　自新
					右三　石厓
					右四　子清
					右四左六　根泉
					右五左十　清敦
					左七　蘊藍
					右七　家坤
					左八右十五　文淵
					右八　子珊
					左九　鏡瀾
					右九　夢菴
					右十左十一　古漁

昭和十六年七月二十二日	二五二號（頁十二）	奎山吟社	沖宵鶴	左詞宗陳望遠 右詞宗姚興岐	左右元 樹青 左眼右七 浩然 右眼左日 夢吟 左三右避 興岐 右三左五 展雲 右四左十 立中 右五左七 得蒼 左六右九 子繁 右六左九 少筠 左八右十 玉堂 右八左避 望遠
昭和十六年七月二十二日	二五二號（頁十四）	大同吟社（月例會）	雪藕	左詞宗李石鯨 右詞宗張一泓	左一 煙客 右一左三 心帆 左二 待珊 右二 待刪 右三左七 穆如 左四右五 心帆 右四 吞雲 左五右九 淇園 左六 景岳 右六左八 景岳 右七 雪樵 右八 其寅 左九 一泓 左右十 穆如
昭和十六年八月二日	二五三號（頁十六）	瀛社（例會）	送謝汝銓先生之金陵	左詞宗謝雪漁 右詞宗李石鯨	左右一 賴子清 左二右十五 蔡子淘 右二 許迺蘭 左三 王自新 右三左九 黃景岳 左四右十二 林清敦 右四左十 葉蘊藍 左五右十六 李悌欽 右五左十五 魏潤菴 左六右避 李石鯨 右六左七 張雨邨 右七左十一 簡穆如 左右八 李遂初 右九左十三 謝尊五 右十 高文淵 右十一左十四 林夢梅 左十二 黃根泉

					右十三 李神義
					右十四左十八 倪希昶
					左十六 駱子珊
					左十七右十九 高樹平
					右十七左十九 劉斌峰
					右十八左二十 駱子珊
					右二十 張一泓
昭和十六年八月二十一日	二五四號（頁十五）	奎山吟社	鶯聲【歡迎蔡寓賓詞兄入社】	天詞宗 吳蔭培 地詞宗 李石鯨 人詞宗 張一泓	天元地眼 子繁
					地元 受丹
					人元地十三天十四 玉堂
					天眼人四地六 樹青
					人眼天七地九 寓賓
					天花人五 得蒼
					地花天九人十三 陽春
					人花地十天十三 展雲
					天四人十地十二 德昌
					地四人十一 少筠
					天地五 錫三
					天人六地十四 望遠
					人七 及鋒
					地七人九 老塔
					天八地十一人十五 夢吟
					地八 北崖
					人八 浩然
					天十 興岐
昭和十六年八月二十一日	二五四號（頁二十）	大同吟社（月例會）	江心鏡	左詞宗 張心帆 右詞宗 陳待珊	左一 老鴻
					右一左五 仲璞
					左二右避 待珊
					右二左八 淇園
					左右三 種人
					左四 迺園
					右四 曉齋
					右五左九 吞雲
					左六 白鷗
					右六左避 心帆
					左七右八 穆如
					右七 心帆
					右九 煙客
					左十 杏洲
					右十 石鯨

昭和十六年十月六日	二五七號（頁十七）	大同吟社（月例會）	衣錦	左詞宗李石鯨右詞宗陳待珊	左一右十 心帆 右一左十 同人 左二 景岳 右二左六 淇園 左三右六 英佑 右三左五 吞雲 左四右七 淇園 右四 其寅 右五左七 一泓 左八 清風 右八左十一 迺蘭 左九右避 待珊 右九左十五 雪樵
昭和十六年十月二十日	二五八號（頁十）	大同吟社（例會擊鉢）	一泓亭【亭在基隆紅淡林寶明寺口，右側四圍林木蓊蔚，亭下泉流淳泓，雖盛夏未嘗枯渴，亭名乃因附近有雙龍瀑布(俗稱魴頂者)。】	左詞宗李石鯨右詞宗張心帆	左一右二十 待珊 右一避 石鯨 左二右三 吞雲 右二左十 雪樵 左三景岳 左四 景岳 右四左避 煙客 左五 煙客 右五 昆榮 左六右十九 淇園 右六 秀朗 左七 仲璞 右七左八 穆如 右八左十八 杏洲 左九 迺蘭 右九左十九 杏洲 右十左二十 一泓
昭和十六年十月二十日	二五八號（頁十）	壽宴擊鉢	壽李碩卿先生周甲兼祝寓基卅年	左詞宗李石鯨右詞宗長谷德和	左元右十六 穆如 右一左十二 吞雲 左二右六 待珊 右二左九 淇園 左三右避 德和 右三左十三 湘父 左四右十一 樹青 右四左十九 景岳 左五右九 心帆 右五左七 白鷗 左六右十九 一泓 右七左二十 碧嵐

					左八右十五　昆榮 右八左十七　煙客 左十右二十　望遠
昭和十六年十一月一日	二五九號 （頁十三）	大同吟社	藕絲裙	左詞宗 許迺蘭 右詞宗 陳日堯	左一　昆榮 右一　英佑 左二右十　石鯨 右二左三　景岳 右三　淇園 左四右九　白鷗 右四左十　煙客 左五右十二　心帆 右五　春亭 左六右十五　雙龍 右六左十一　雪樵 右七　湘父 左八　吞雲 右八　秀朗 左九　清風
昭和十六年十一月十七日	二六○號 （頁十二）	大同吟社	待重陽 【辛巳重陽前二日開於同風會館】	左詞宗 李石鯨 右詞宗 張一泓	左一右二　待珊 右一左二　心帆 左右三　穆如 左四右六　迺蘭 右四左七　景岳 左五　淇園 右五左八　曉齋 左六右九　吞雲 右七左九　湘父 右八左十　吞雲 右十　心帆 左右十一　煙客 左右十三　仲璞
昭和十六年十二月五日	二六二號 （頁十四）	大同吟社、基隆書道會主催	生花筆 【歡迎長谷德和女史擊鉢】	左詞宗 長谷德和 右詞宗 尾崎古村	擬作　古邨 左一右十　英祐 右一左六　景南 左二右七　穆如 右二左十　景南 左三右四　石鯨 右三　德和 左四　吞雲 左右五　穆如 右六左八　迺蘭 左七　景岳

					右八 石鯨 左九 崧甫 右九 景岳
昭和十六年十二月十七日	二六二號 （頁十）	大武崙詩學研究會	鷺鷗盟	左詞宗 黃昆榮 右詞宗 郭壽乾	左一右五 黃振義 右一左二 闕志英 右二左七 柯文獻 左三右避 郭壽乾 右三左避 黃昆榮 左四右六 楊火城 右四左六 程聖坤 左右五 林子英 右七 陳新丁 左右八 葉秉夷
昭和十六年十二月十七日	二六二號 （頁十二）	奎山吟社	棟梁材	左詞宗 白玉堂 右詞宗 郭半村	左元右七 浩然 右元 子繁 左眼右避 半村 右二左九 樹青 左右三 德昌 左四右五 興岐 右四左八 展雲 左五右避 明安 右六左十 望遠 左六右八 李美枝子 左七右九 伯棠 右十 玉堂
昭和十六年十二月十七日	二六二號 （頁十四）	瀛社（例會）	虎尾蘭	左詞宗 陳伯華 右詞宗 倪登玉	左一右避 倪登玉 右一左七 洪陽生 左二 賴献瑞 右二 賴献瑞 左右三 李慶賀 左右四 韞山 右四 歐小窓 左五 王小嵐 右五 李學樵 左六 陳削峰 右六 小窓 右七左避 陳伯華 左八 王少嵐 右八左九 洪讓仁 左十 榮子 右十 春子

昭和十六年十二月十七日	二六二號（頁十六）	大同吟社（月例會）	屏風	左詞宗陳仲璞右詞宗張心帆	左一 英佑 右一 石鯨 左二右避 心帆 右二左五 淇園 左三右八 煙客 右三左四 春亭 右四 君謀 右五左十二 曉齋 左六 秀朗 右六 崧甫 左七 碧嵐 右七左十一 吞雲 左八右九 吞雲 左九右十二 雪樵 右十左十五 石鯨 右十一左十三 泰山 左十四 心帆 右十四 迺蘭 右十五 景岳
昭和十七年一月一日	二六三號（頁十一）	奎山吟社	建功馬	天詞宗杜仰山地詞宗李碩卿人詞宗蔡子淘	天地一 半村 人一 德昌 天二地十 浩然 地二人四 子繁 人二天地五 樹青 天三 望遠 地三天人七 玉堂 人三天地六 展雲 天四人十 伯棠 地四 明安 人五 受丹 人六天十 夢吟 地七 興岐 天八 子繁 地八 一新 人八 浩然 天地人九 寓賓
昭和十七年一月一日	二六三號（頁二十六）	大同吟社（月例會）	疏梅	左詞宗陳待珊右詞宗張心帆	左右一 石鯨 左二 景岳 右二 待珊 左右三 春亭 左右四 煙客 右五 仲璞 左六 秀朗

					右六 洒蘭 左右七 湘父 左八 石鯨 右八 淇園 左九 吞雲 右九 待珊 左十 仲璞 右十 秀朗
昭和十七年一月二〇日	二六四號（頁十三）	奎山吟社	脫鉤魚	左詞宗 蔡子淘 右詞宗 陳望遠	左一右五 樹青 右一左四 浩然 左二右七 德昌 右二左三 展雲 右三左避 榕軒 右四左八 寓賓 左五右九 少筠 左六 玉堂 右六左九 受丹 左七右八 得蒼 右十左避 子淘
昭和十七年二月六日	二六五號（頁十）	大同吟社（擊鉢）	諧鳳卜 【社友陳仲璞氏令三郎祥馨君新婚祝宴】	左詞宗 許梓桑 右詞宗 張一泓	左元右四 穆如 右元左十 景岳 左眼右十一 鶴年 右眼 春亭 左花右十三 待珊 右花左五 登瀛 左四 十菊 右五左十五 待珊 左六 十菊 右六 曉齋 左七右九 秀朗 右七左十一 煙客 左八右十二 淇園 右八 雪樵 左九 湘父 右十左避 洒蘭
昭和十七年二月二〇日	二六六號（頁十四）	大同吟社（月例會）	古寺鐘	左詞宗 黃景岳 右詞宗 簡穆如	左元右七 十菊 右元左八 昆榮 左眼 曉齋 右二左三 淇園 右三左十五 湘亭 左四右五 英佑 右四左五 石鯨 右五 淇園

日期	號數（頁）	詩社	詩題	詞宗	名次
					左六　春亭 右六　道南 左七右八　仲璞 左九右十三　藝秋 左十右十四　泰山
昭和十七年三月七日	二六七號（頁十五）	大同吟社	共榮圈	左詞宗施梅樵 右詞宗蔡子淘	左一右二　昆榮 右一左四　賴照熙 左二右七　淇園 左三　秋槎 右三　道南 右四　杏洲 左五右九　黃景岳 右五左九　英佑 左六右十　待珊 右六　李登瀛 左七　其寅 右八　仲璞 左十　春亭
昭和十七年三月十八日	二六八號（頁十）	大同吟社	壽萱 【社友謝藝秋君令堂八秩晉一壽誕擊鉢吟錄】	左詞宗迺蘭 右詞宗石鯨	左元右十一　春亭 右元　漢生 左眼右十　道南 右眼左八　季眉 左右花　十菊 左臚右六　景岳 右臚左六　穆如 左五右避　石鯨 右五左十二　吞雲 左七右十四　淇園 右七左十四　仲璞 右八左九　曉齋 右九左避　迺蘭 左十　煙客 左十一右十二　英佑 左十三右十五　秀朗 右十三　照熙 左十五　昆榮
昭和十七年三月八日	二六八號（頁十二）	瀛社（祝戰捷吟會）	肉彈	左詞宗鄭聽春 右詞宗魏潤庵	左一右十五　夢庵 右一左十五　石厓 左二右十六　望遠 右二　蘊藍 左三右十　崇禮 右三左十四　文淵

					左四右七 登玉 右四左六 贊鈞 左五右六 子惠 左七右九 夢梅 左八右二十 尊五 右八左十六 子清 左九 潤庵 左十右十八 純青 右十 聽春 阻雨不赴題擬作 雪漁
昭和十七年四月三日	二六九號 （頁十四）	瀛社	祝新嘉坡陷落	左詞宗 黃贊均 右詞宗 黃純青	左一右避 純青 右一左十二 石厓 左右二 潤庵 左三右四 子珊 右三左避 贊鈞 左四右五 夢庵 左五右十二 子惠 左六右十三 夢梅 右六左十五 尊五 左七右十一 崇禮 右七左十一 文淵 左八右十 子清 右八左九 登玉 右九左十 聽春 阻雨不赴吟題擬作 雪漁
昭和十七年四月三日	二六九號 （頁十九）	大同吟社	迎燕 【歡迎陳寄先生擊鉢】	左詞宗 陳寄生 右詞宗 李石鯨	左一右避 退嬰 右一左十一 穆如 左二右六 忍園 右二左十 德昌 左右三 道南 右四左避 寄生 左五右十三 忍園 右五左十五 秀朗 左六右十五 景岳 左七右十四 煙客 右七左避 寄生 左八右避 退嬰 右八左避 寄生 左右九 十菊 右十 忍園 補作 陳泰山

昭和十七年四月二十日	二七〇號（頁十二）	瀛社（花朝例會）	壽花神	左詞宗許梓桑右詞宗黃贊鈞	左一右二 文淵
					右一左十六 夢庵
					左二右八 子惠
					左三右四 雪漁
					右三左十五 蘊藍
					左四右七 清敦
					左五右十二 自新
					右五左十三 斌峰
					左右六 潤庵
					左七右十一 夢梅
					左八右九 尊五
					左九右十四 郁文
					左十右避 贊鈞
					右十左十八 福林
昭和十七年四月二十日	二七〇號（頁二十）	大同吟社（春季擊鉢）	剪韮	左詞宗黃昆榮右詞宗黃種人	擬作 退嬰
					左一右六 逸帆
					右一左三 湘亭
					左二右避 景岳
					右二 煙客
					右三左十五 曉齋
					左四右五 穆如
					右四 杏洲
					左五 待珊
					左右七 子彭
					左八 子彭
					右八左避 昆榮
					左九右十五 白鷗
					左十右十四 秀朗
					右十 藝秋
昭和十七年五月六日	二七一號（頁九）	大同吟社	心花	左詞宗施梅樵右詞宗張十菊	左一右八 景岳
					右一左五 待珊
					左右二 子彭
					左右三 待珊
					左四右六 景岳
					右四 梅樵
					右五 梅樵
					左六 石庵
					左七 十菊
					右七 道南
					左八右十 秋槎
					左九 曉齋
					右九左十 石庵

昭和十七年五月二十日	二七二號（頁十六）	大同吟社	魚電（鶴膝格）	左詞宗 黃種人 右詞宗 張子彭	左一右二 十菊 右一左二 梅樵 右二左七 秀朗 左三右四 昆榮 右三 景岳 左四 子彭 左五 子彭 左六 曉齋 右六 仲璞 右七左八 十菊 右八左九 仲璞 右九 昆榮 左十 道南 右十 景岳
昭和十七年六月二十一日	二七四號（頁十二）	瀛社（例會）	岳少保	左詞宗 魏潤庵 右詞宗 黃石衡	左一右二 倪登玉 右一 魏潤庵 左二右三 高文淵 左三右四 葉蘊藍 左四右九 張瀛洲 左五右十二 林石厓 右五左八 李悌欽 左六右七 林夢梅 右六左九 賴子清 左七 劉斌峰 右八左十二 張碧峰 左十右十三 林子惠 右十 謝尊五 左十一右十五 劉學三 右十一左十五 駱子珊 左十三 黃石衡 左右十四 卓夢庵
昭和十七年六月二十一日	二七四號（頁十七）	大同吟社	祖帳	左詞宗 中山秀朗 右詞宗 簡穆如	左一右二 泰山 右一左六 照熙 左二右九 摩南 左三右九 道南 右三 泰山 左四 淇園 右四 昆榮 左五 昆榮 右五 泰山 左七 仲璞 右七左八 春亭 右八 曉齋

					左九　夢屏
					左十　昆榮
					右十　碧嵐
昭和十七年八月五日	二七七號（頁十二）	瀛社（例會）	火傘	左詞宗魏潤庵　右詞宗李碩卿	左一右避　碩卿
					\右一左六　曉齋
					左二　子清
					右二左十八　十菊
					左三右五　同人
					右三　尊五
					左四　悌欽
					右四　迺蘭
					左五右十六　遂初
					右六左十七　清敦
					左右七　遂初
					左右八　曉齋
					左九右十二　自新
					右九左十二　幸田
					左十　子清
					右十　子惠
昭和十七年八月五日	二七七號（頁十三）	大同吟社（夏季例會）	法雨	左詞宗曉齋　右詞宗待珊	左一右四　淇園
					右一　崇岳
					左二　十菊
					右二左十　淇園
					左三　景岳
					右三左十三　景岳
					左四右十五　白鷗
					左五右八　道南
					左六右避　待珊
					右六左十一　雨邨
					左七右十一　昆榮
					右七左八　穆如
					左十　子彭
					右十　吞雲
昭和十七年十月二十六日	二八二號（頁八）	瀛社（中秋例會）	泛牛渚江	左詞宗謝雪漁　右詞宗魏潤庵	左一右二十　謝尊五
					右一左十五　賴子清
					左二右避　魏清德
					右二左六　倪炳煌
					左三　林子惠
					右三左五　黃石衡
					左四右十一　高惠然
					右四左七　高文淵
					右五　倪登玉
					右六左十七　葉蘊藍

					右七左十一　林夢梅 左八右十七　鄭雲從 右八左十三　李學樵 左九右十三　許寶亭 右九左十　林清敦 右十　卓夢庵
昭和十七年十月二十六日	二八二號（頁九）	大同吟社（秋季例會）	晴耕園賞月【壬午年古八月望秋分佳日，開於西郊雨讀室，左鄰西村文吾氏之晴耕園。】	左詞宗一泓 右詞宗鶴年	左一右九　種人 右一左避　十菊 左二右十　崧甫 左二右十二　雨邨 左三右七　穆如 右三左九　泰山 左四右避　鶴年 右四　泰山 左五右十四　吞雲 右五左六　子淘 右六　昆榮 左七　雨邨 左右八　子淘 左十　幸田英佑
昭和十七年十一月一日	二八三號（頁十五）	大同吟社（九日小集）	登山屐	左詞宗劉春庭 右詞宗陳仲璞	左一右八　杏洲 右一左七　曉齋 左二　雨邨 右二　同人 左三右避　仲璞 右三　十菊 左四　鶴年 右四　淇園 左五　泰山 左右六　穆如 右七　雨邨 左八　淇園 左九　登瀛 右九　登瀛 左十　杏洲 右十　泰山
昭和十七年十一月二十五日	二八四號（頁十七）	笑山樓（秋夜小集）	古瓶	左詞宗景岳 右詞宗淇園	左一右九　濱洲 右一左四　十菊 左二右十　雨邨 右二左五　泰山 左三　鶴年 右三　十菊

				右四左八　吞雲
				右五　雨邨
				左六　鶴年
				右六左九　春亭
				左七右八　青峰
				右七　曉齋
				左十　曉齋

二、《詩報》所載基隆詩社活動——以大同吟社為主要探討對象

大同吟社創會於昭和六年（民國二十年，一九三一年），社長為許梓桑，創社時主要的社員有：陳庭瑞、呂獻圖、蔡景福、王雪樵、陳耀東、劉其淵、黃梅生、林思齊、張一泓、李醉霞、李登瀛、劉明祿、周士衡、蕭水秀、蔡子淘、張文穆、黃景岳、張鶴年、簡銘鐘、杜靄人、何崧甫、王吞雲、杜二陵、楊靜淵、賴照熙、簡穆如、楊子培等人，西席為李燦煌。大同吟社可說是基隆詩壇的中流砥柱，活動成員幾乎含括了所有在基隆詩界活動的吟友，也是基隆地區社齡最長（跨越日據時期）、活動量最大的詩社。

從《詩報》所刊載的大同吟社活動可以發現其運作及集會十分頻繁，從創社時社員及社務運作來觀察，值得注意的有幾點：

（一）與臺北瀛社及基隆其他詩社重疊性高

以大同吟社創社社員來看，其中同時為瀛社社員者有：社長許梓桑，社員陳庭瑞、黃梅生、張鶴年、張一泓；另外，基隆詩社「鐘亭」的社長為張一泓，社員黃梅生、周士衡、蔡清揚、張鶴年、楊靜淵也參加了大同吟社，鐘亭以研「詩鐘」為主，當時基隆地區盛傳一詩（大同吟社）一鐘（鐘亭）；大同吟社社員黃景岳則倡「華僑鄞江吟社」，辦事處亦設在黃景岳住宅處，簡銘鐘亦為曉鐘吟社的發起人。

由於基隆小鳴吟社成立前，基隆詩人多參加台北瀛社，而瀛社例會一季定於基隆，因而開啟基隆一地結社的詩風。當時大同吟社的社員，多半來自於台北瀛社。基隆各詩社間社員重疊的現象十分普遍，相互往來、結其翰墨因緣，從其刊登活動的姓名也可推知各社往來的情形十分頻繁，社員名單多有重疊，此現象也是基隆地區詩社的普遍現象。但日據時期基隆詩社的運作大多十分短暫，昭和六年大同吟社成立後，幾乎吸收了當時基隆詩壇的優秀份子，成為日據時期活動最頻繁的詩社，且社務運作一直持續到光復後。

（二）社員多半為高社經地位的知識份子

日據時期在基隆地區有能力賦詩作文者，多半有著不錯的家庭背景、職業及社經地位，以當時參加大同吟社的社員為例，試從職業、家庭背景及求學過程，歸納出以下幾點，以反映當時參與詩社活動的詩友多半為高社經地位的知識份子。

1、公職人員

大同吟社的社員屬於仕紳階級的社員有：許梓桑，曾任職基隆區街庄長事務所書記，獲佩紳章，後任基隆區街庄長，臺北州協議會員；李登瀛，昭和十三年當選基隆市協會議員，兼任西町區長。何崧甫，為日人徵赴廣東任通譯。

日據初期，從基隆礦業鉅子顏雲年起，基隆詩人與日人的政商關係幾乎都十分良好，當時日人多借士紳的力量來穩定民心，而士紳為了穩定地方政治、保護民眾及所屬家業，也多半幫日人佐務。

2、記者及報紙發行人、編輯

蔡清揚，家學淵源，曾任《詩報》發行人；簡穆如，曾任記者；張一泓，曾任《詩報》編輯，許梓桑《詩報》名譽社長；李燦煌《臺灣日日新報》漢文版主筆，凡十餘載。

《詩報》原本由桃社周石輝為擔任發行人，昭和七年十二月改由基隆蔡清揚擔任。當時《詩報》的名譽社長為基隆士紳許梓桑，編輯則有張添進，發行地在基隆的仁華活版所。《詩報》為日據時期刊載詩社擊鉢詩及課題為主的刊物，對於基隆詩風的影響不可小覷。

3、商界人士

基隆產煤，當時著名的礦業大亨顏雲年對提倡詩社不遺餘力，另外，詩人李建興則為瑞三煤礦礦主，當時許多基隆詩人多任其記室。而從事商業者亦不在少數。如：黃梅生，初為銀行行員，後任職於瑞三煤礦；王吞雲，業商；劉其淵，任勝昌行記室。

4、教職

基隆詩人曾設帳垂教者為數不少，有：陳庭瑞，日新書房的創始人；蔡景福，曾設帳於八斗子及九份；李登瀛，畢業於臺北師範學校，曾任教於公學校，後任職瑞三煤礦。其中最值得注意的是李燦煌（碩卿），李氏可說是詩

壇的重量級人物，創設「保粹書房」，受業者凡數百人之眾，基隆詩壇活動的詩人多半曾受業其門下。

（三）大同吟社的活動情形

從《詩報》所載的大同吟社社務，可以發現從昭和六年大同吟社創社後，大同吟社的社務並不曾中斷過，從《詩報》中觀察大同吟社之活動，可以證明大同吟社的確為基隆活動最頻繁的詩社，固定參與活動的詩人人數至半為十至二十人以上。以下從聚集頻率、聚會地點、擊鉢事由來為大同吟社內部運作情形作概況的說明：

1、聚會頻率

由《詩報》中所載大同吟社之活動，可以發現大同吟社從昭和六年創社至昭和十七年都固定維持社務活動，每次參與活動的成員也都不少於十人。《詩報》昭和六年記錄大同吟社創社資料曾提到：「每月開擊鉢例會一次。〔註60〕」可以得知，大同吟社至少一個月舉行擊鉢例會一次。即使在大戰爆發後的日據末期，大同吟社仍依舊維持著社務運作。

值得注意的是在昭和十六年十二月五日及昭和十七年六月二十一日的集會裡，分別有：長谷德和、尾崎古村、中山秀朗等日人參加活動，推其主要原因可能有二：一種是反映著當時日人監視詩社活動情形，另一種則代表社長許梓桑深獲日人信任，因而有日人參與活動。但由於資料不足，仍無法確知究竟原因為何。但反觀日據時期基隆詩人黃景岳，由於以中國籍的身分僑居基隆，「華僑鄞江吟社」的辦事處並設於黃氏住宅，在大戰爆發後，日人視留臺華僑如蛇蠍，日警將黃氏視為政治犯逮捕，而後黃氏死於獄中。詩人間截然不同的命運，令人有不勝噓唏之感。

2、聚會地點

日據時期，大同吟社固定的社址在「基隆市新店七七，蔡清揚處。〔註61〕」但是擊鉢例會的地點亦常有變動，或在社員蔡清揚邸舉行。或在社員簡銘鐘的「慰園」〔註62〕或在社長許梓桑的「慶餘堂」〔註63〕或在浴佛節於「淨心

〔註60〕《詩報》，昭和六年六月十五日，第十六號。
〔註61〕《詩報》，昭和六年六月十五日，第十六號。
〔註62〕《詩報》，昭和六年七月一日，第十五號。
〔註63〕《詩報》，昭和七年一月十五日，第二十八號。

齋堂」〔註64〕舉行例會,或在「曉翠閣」〔註65〕小集。

3、擊鉢方式及事由

大同吟社的例會主要以每個月舉行一次為主,主要以擊鉢及詩鐘為主要的競作方式。在日據時期,基隆詩友集會多以「擊鉢吟」的活動為主,擊鉢吟也是當時台灣詩壇的一大特色。擊鉢詩的由來,根據《南史》所載:

> 竟陵王子良嘗夜集學士,刻燭為詩,四韻者則刻一寸,以此為率,
> 文琰曰:「頓燒一寸燭,而成四韻詩,何難之有!」乃與立令楷,江
> 洪等共打銅鉢立韻,響滅而詩成,皆可觀覽。〔註66〕

擊鉢吟,旨在訓練成詩快捷及修辭技巧,並以題名給獎,予以鼓勵。主要規則大都為:限題、限時、限體、限韻。限題,擊鉢吟會因有統一命題,其限題較嚴;限時,限制成詩時間,古時以刻燭或柱香為限,後期較為寬鬆,以時刻為限;限體,即限制詩體,以五絕、五律或七絕、七律;限韻,限制用某一韻。而詩鐘者,主要訓練作隊句,其規制與時限至為嚴苛。而大同吟社的文學活動最常使用方式是擊鉢吟,主要作品以律詩、絕句為主,詩鐘次之。

至於集會的事由,主要以每個月的例會為主,這是屬於詩社定期的集會活動,主要以詩社吟友集會為主。其他也有外地詩友的來訪,如《詩報》所載昭和六年十月一日〈新菊〉(歡迎寄廬吟友擊鉢錄)昭和六年十月十五日〈粧神〉(歡迎新竹謝景雲、台北李肖嵒、吳紉秋、李嘯峰諸氏)昭和九年一月一日〈歡迎王少濤氏書畫展覽會〉、昭和十五年一月二十三日〈新雨〉(歡迎黃傳心先生)昭和十五年五月二十一日〈歸帆〉(歡迎蔡伯毅先生)昭和十七年四月三日〈迎燕〉(歡迎陳寄生先生擊鉢)等等。值得一提的是,外地詩友來訪參與大同吟社的集會,大同吟社都請外地詩友擔任詞宗以示尊敬及歡迎之意,也有徵詩或另行將詩作刊登以表致意的方式。

另外,如遇社員有婚喪喜慶、臨別送行之人生大事時,大同吟社集會時,多半以此為題,藉吟詩致意。如《詩報》所載昭和八年二月一日〈蓮、張敞〉(社友簡穆如新婚)、昭和九年十一月一日〈柯子村詞兄送別會席上分韻〉、

〔註64〕《詩報》,昭和九年六月一日,第八十二號。

〔註65〕《詩報》,昭和十四年四月十七日,第一九九號。

〔註66〕唐・魏徵著:新校本《南史》卷五十九・列傳第四十九,(臺北鼎文出版,民國六十八年三月二版),頁1463。

昭和十一年二月一日〈夢熊〉（吳郁文君令郎彌月擊鉢吟會）、昭和十七年二月六日〈諧鳳卜〉（社友陳仲璞氏令三郎祥馨君新婚祝宴），因此可說詩已經融入生活當中，不管是結婚、彌月、臨別等等，詩社吟友都會為其賦詩留念，也是臺灣文學史上極為特殊的一個現象。

　　大同吟社為日據時期基隆最具規模的詩社，可以說是基隆地區所有詩社的縮影。從上述大同吟社的集會情形及觀察《詩報》所載基隆地區其他詩社，可以發現基隆詩社共有的特色，如都以作擊鉢詩、詩鐘為主，例會情形多婚喪喜慶的應酬之作。而例來多以擊鉢詩為雕蟲小技，為旁門捷徑，有失詩之原味。但根據黃美娥的說法：「日治時期的台灣，舊詩已經融入了許多百姓的生活中，在婚、喪、喜、慶的典禮中，總要藉詩以抒情，此刻之舊詩成為眾人平日交際應酬之最佳文字，而百姓也以加入詩社為榮。詩教『溫柔敦厚』，詩能『興觀群怨』，是世人皆知的事實，所以能夠學詩、讀詩、寫詩者，也算是風雅之輩了。〔註67〕」

　　而施懿琳也在《日據時期鹿港民族正氣詩研究》中說到：「民族文化面臨生死關頭，如能退而求其次，以讀書識字為最基本要求，先達成多識蟲魚鳥獸之名的目標，再藉『詩教』保存傳統文化的孝道思想、並嚴華夷之分，而寄託民族意識於其中，放眼日治當時狀況，非詩社為之而不可，而事實上，日治時期的傳統詩社，不僅達成了最基本的讀書識字要求，甚至多數詩社能藉聯吟擊鉢中互通聲氣，延續漢文化，因此，詩社保存、傳承文化的時代價值實應予以肯定。〔註68〕」綜上所述，日據詩社存在價值的確不容置喙，當時基隆地區眾多的詩人、詩作、詩社，除了保提供了基隆地區的文學史料外，也紀錄著當時的風俗文化，更為當時的文學社會化，社會文學化做出了最好的見證。

三、《詩報》所載基隆詩之內容及特色

　　觀察《詩報》裡基隆地區詩人的活動，可發現基隆詩人常同時參加許多吟社活動，及各種徵詩活動，與各地詩友亦往來密切。當時基隆詩壇可說是桃李崢嶸、人才輩出。

〔註67〕黃美娥：〈日治時代台灣詩社林立的社會考察〉，（臺北《臺灣風物》，民國八十六年九月，四十卷三期），頁83。

〔註68〕施懿琳：《日據時期鹿港民族正氣詩研究》，（臺北國立臺灣師範大學國文研究所碩士論文，民國七十五年），頁50。

（一）就題材類別而言

由於歷來詩作分類的標準有很多種，在此不另作探討，主要以詩作內容呈現為主。以《詩報》所載基隆詩詩題，試著分析其中特色，大致可分為幾個類別：

1、以歌詠當地風光特色為題者，如：鱟江漁唱（26）漁燈（42）雞山晚眺（138）基津櫓聲（141）防波堤（142）貂山曉望（151）雨港歸帆（208）獅球嶺（220）雙溪垂釣（283）等等。此類的詩題，主要歌詠當地風景為主，富有濃厚地方色彩，極富價值，所以特別歸為一類。而這一類的詩題，一直沿續到今日，現今詩社在集會時仍多作此類題目。

基隆為一海港，因此詩人集會多歌詠基隆海港風光特色。基隆素來有「鱟港」之稱，相傳基隆港多產鱟。鱟為海中魚類，甲殼堅硬，雌大雄小。另外，由於基隆港內有所謂「鱟公」、「鱟母」兩小礁島，所以基隆有「鱟港」之稱。

大同吟社

〈鱟江漁唱〉　　左詞宗　莊于喬、右詞宗　陳筱邨

左一右三　子淘

滿載歸來未繫艭，扣舷歌裡水淙淙，數聲飄緲傳雞嶼，一夜浮沉泛鱟江。

自得清謳翻異調，竟於凡曲不同腔，防波堤畔餘音嫋，唱罷悠悠月照雙。

蔡清揚的這首詩，寫出滿載而歸的漁翁，扣舷而歌的歡樂情形。淙淙的水聲，伴隨著漁人扣舷而歌，歌聲迴盪在「雞嶼」與「鱟江」間，防波堤畔餘音嫋嫋，歌曲唱罷，漁人在月色映照下歸來，使人能感受到漁家的閒適。

大同吟社

〈漁燈〉　　左詞宗　謝尊五、右詞宗　吳夢周

左一右十　清揚

數點浮沉往返頻，隨波爛熳耀江津，獨憐月落楓橋夜，偏照蓬窗未睡人。

蔡清揚的〈漁燈〉一詩把在港邊往返的漁船化為在江邊沉浮的數點燈火，燈火照耀著整個港邊。而「獨憐月落楓橋夜，偏照蓬窗未睡人。」二句，彷彿脫胎自張繼《楓橋夜泊》詩：「月落烏啼霜滿天，江楓漁火對愁眠，姑蘇城外寒山寺，夜半鐘聲到客船」。把漁燈與蓬窗未睡人作出一對映。

鼎社

〈雞山晚眺〉　　左詞宗　張一泓、右詞宗　張廷魁

　　　　左一右二　景岳

放眼雞峰外，滄茫夕照間，殘霞迷幅洞，孤鶩繞沙灣。

蜃氣儼樓閣，閒雲自往還，歸帆看隱約，新月上東山。

雞山指的是基隆山，聳立在基隆港灣附近的瑞芳海濱，因為地勢高聳，常成為詩人筆下歌詠的題材。〈雞山驟雨〉為日據時期雞籠八景之一，詩人許梓桑也為〈雞山驟雨〉題了詩。

鼎社

〈貂山曉望〉　　左詞宗　盧史雲、右詞宗　張鶴年

　　　　左右一　莊芳池

極目三貂景，扶桑日正紅，山高連堂嶺，路遠接基隆。

喚夢雞聲急，題碑虎字雄，更看遺跡地，弔古感無窮。

詩中所描寫的「虎字碑」，相傳是因清朝台灣總兵劉明燈北巡至三貂嶺，因為遇上大霧難以辨識方向，所坐的轎頂被一陣狂風吹落，劉明燈有感於易經中「雲從龍，風從虎」，而後遂此以「虎」字碑來鎮風暴。詩作當中的「浮桑日正紅」，似乎也說明著日政府的氣勢正盛，詩人對著三貂嶺的景色，不免有人事滄桑之感。

2、寫景詩、詠物詩，此類作品多歌詠時序的更迭、物色的變化，或是詠物，以鳥獸、草木、蟲魚、器物為選材的對象，此兩類題材是擊鉢詩最大宗的主題。以歌頌四時而言的題目，如：春晴（12）春景（12）夏味（60）秋雲（49）藕花風（84）新寒（89）等等。

大同吟社

〈春晴〉　　左詞宗　楊靜淵、右詞宗　劉明祿

　　　　左一右八　子淘

東風嫋嫋柳毿毿，紛郁卿雲燦蔚藍，我欲曝書當日晷，呼童捧篋出茅庵。

蔡子淘以東風拂垂柳，來歌詠春日的風光，其中「我欲曝書當日晷，呼童捧篋出茅庵。」將春日讀書之趣躍然於紙上，充滿了積極的意義，讓人不禁聯想到翁森〈四時讀書樂〉所描繪出的讀書之樂。

華僑鄞江吟社

〈春景〉　左詞宗　黃贊鈞、右詞宗　羅訪樵

左一　吳紉秋

鶯聲燕語繁華地，蝶戀蜂迷錦繡天，儂自採菱郎鼓槳，玉溪曾怕一裙湔。

右一　李紹蓮

山含紅紫樹含煙，嫩綠盈郊碧滿川，如此春光如此景，縱教摩詰筆難宣。

在吳紉秋的詩當中，用鶯燕蜂蝶來添增春天熱鬧的氣氛，詩中充滿了蓬勃的生機，也使用了吳歌西曲中常出現的「儂」、「郎」兩字，使詩句讀來更加俏皮可愛，全詩可說饒富趣味。李紹蓮的詩作中，則使用了「紅」、「紫」、「綠」、「碧」高度色彩的字眼，使描繪的春景充滿了盎然的生意，如此可愛的風光景色，即使是王摩詰都難以將所有的風光盡收於筆下。

大同吟社

〈夏味〉　左詞宗　劉茂源、右詞宗　張一泓

左一　吳郁文

暑氣如焚入秀闈，浮瓜一試勝冬梨，讀書獨愛螢囊趣，月映芙蓉夢欲迷。

吳郁文的詩中，描繪出暑氣逼人時，嚐西瓜以消暑之景，讓人聯想起金聖嘆在「夏日於朱盤中，自拔快刀，切綠沉西瓜，不亦快哉！」那種切瓜及大快朵頤的痛快。詩人以車胤借螢火亮光讀書的典故，轉化成自己在夏日夜晚讀書之趣，更使人感受到夏日讀書的歡喜。

奎山吟社

〈秋雲〉　左詞宗　王子清、右詞宗　吳如玉　（七絕八庚）

左一右八　靜觀

卷舒秋景鬱紆縈，漠漠雲屏蔽太清，但願西風吹去急，好教黎庶見天明。

郭靜觀的詩，似乎藉由描寫秋雲遮蔽天空之狀「漠漠雲屏蔽太清」來暗喻當時的政局，三、四句則希望藉西風之力，吹去蔽日之雲，使百姓得以見天日。全詩暗喻政局的意味可說非常濃厚。

大同吟社

〈藕花風〉　左詞宗　吳郁文、右詞宗　賴摩南

左一　鶴年

拂遍池中並蒂蓮，羅裙飄颻恨綿綿，小娃巧藉封姨力，吹動鴛鴦夢不圓。

張鶴年的這首詩與其他詩人純寫景〈藕花風〉不同，可說是獨樹一幟。詩中描寫出小孩藉風神的力量，來拆散池中的鴛鴦。小孩頑皮的模樣可說宛在眼前。

　　大同吟社

　　〈新寒〉　左詞宗　昆榮、右詞宗　一泓

　　　　左一右五　杏洲

　　忍凍終宵感不勝，綠窗擁被雪初擬，始知羈客風霜苦，挾纊三更冷氣增。

這首〈新寒〉寫出冬日初下雪的情形，寄居在外的旅人，比一般人清楚地感受到冬天下雪的寒意，旅人穿著綿絮的衣服，更覺寒意倍增，全詩將冬日初雪之景與遊人羈旅在外之苦做出聯結。

　　詠物詩，是詩人擊鉢吟時常作之題，寫出詩人對萬物的觀察。詩人有時平鋪直敘、單純於描繪出物品，有時更託寓諷喻，借物來表達己身的情懷。這一類的詩主要有：酒樓（11）蓮影（19）山梅（32）避雷針（44）來雁（46）畫簾（83）蒲扇（85）蕉影（87）冰旗（88）鞦韆（107）風鈴（142）牽牛花（144）紅茶（188）等等。

　　鄞江吟社

　　〈酒樓〉　詞宗李璞亭

　　　　一　景岳

　　恍聞天半鬥觥籌，笛韻歌聲鬧未休，我似揚州狂杜牧，登臨一醉破閒愁。

詩人黃景岳的詩常富有愛國思想，因而在第二次世界大戰爆發犯，被日人視為政治犯逮捕。此詩中黃氏自喻為詩人杜牧，全詩有晚唐詩人杜牧的〈遣懷〉：「十年一覺揚州夢，贏得青樓薄倖名。」的興味。

　　大同吟社

　　〈避雷針〉　左詞宗　黃甘棠、右詞宗　蔡子淘

　　　　左一右避　子淘

　　亭亭似欲刺雲羅，每趁雷鳴吸電波，此是文明鋒利器，阿香聲勢奈伊何。

〈避雷針〉這個題目在當時盛行的詠物詩中很是新穎，結合科技發展與日常生活的題目，更開拓了寫作的視域。詩人明白把將文明之下的產物避雷針的功用，做出一明白的敘述，末句「阿香聲勢奈伊何」則敘述推雷車的神女也對此物莫可奈何。

奎山吟社

〈蒲扇〉　　左詞宗　鄭蘊石、右詞宗　李石鯨

　　　　　左一右十四　昆榮

蒸人炎熱屆端陽，蒲草編成一柄揚，便面仁風頻藉汝，劇憐秋到又拋荒。

端陽時的蒲扇，到了秋天就被棄置不用。詩人筆下的蒲扇與班婕妤〈怨歌行〉的：「新裂齊紈素，皎潔如霜雪。裁為合歡扇，團團似明月。出入君懷袖，動搖微風發。常恐秋節至，涼風奪炎熱。棄捐篋笥中，恩情中道絕。」有異曲同工之妙。

大同吟社

〈紅茶〉　　左詞宗　子村、右詞宗　鶴年

　　　　　左一右避　鶴年

味勝烏龍色奪朱，客來當酒好烹爐，愁城合賴蒼旗鼓，如醉流霞興不孤。

　　張鶴年筆下的紅茶，不但味道勝過烏龍茶，甚至能以紅茶代酒，與客共飲，紅茶滋味就好像仙酒般美妙，使人陶醉。

　　3、人情世故、送往迎來之酬答詩，詩社的活動中，如遇社員有婚喪喜慶、臨別送行之人生大事時，或是外地詩友來訪，多半當次例會中以此為題，或是另開小集，除了極具人情味，也可說把「詩」已經融入日常生活中，如：新菊（21）（歡迎寄廬吟友）蓮、張敞（社友簡穆如新婚）柯子村詞兄送別會席上分韻（92）夢熊（98）（吳郁文君令郎擊鉢吟會）等等，以下茲錄數首酬答詩。

大同吟社

〈柯子村詞兄送別會席上分韻〉　　（節錄）

　　　　（先）春亭

壯遊快著祖生鞭，恰好秋涼九月天，此去汕頭足詩料，名山隨處入佳篇。

　　　　（蕭）郁文

長堤垂柳自蕭蕭，萬里孤篷趁早潮，成策鵬程應有望，效他投筆老班超。

　　　　（肴）穆如

離筵邊計少珍肴，忍向長亭餞舊交，佇看鵬程飛萬里，圖南有志莫譏嘲。

　　　　（豪）一強

鳳負奇才格調高，壯遊挾策泛輕艘，過江名士多如鯽，管領憑君意氣豪。

　　　　　（歌）青峰

多君擊楫遂高歌，萬里乘風蹴綠波，南國秋深山色好，偷閒時可托吟哦。

　　　　　（麻）子邨

坦懷到處可為家，小別何妨水一涯，飲啄勉酬諸子在，文章餖飣謾興嗟。

大同吟社

〈夢熊〉（吳郁文君令郎擊鉢吟會）左詞宗　李石鯨、右詞宗　簡穆如

　　　左詞宗擬作

屓然陽氣關陰氛，符母分明入夢員，墜地喤喤知不俗，六雄壯毅勝山君。

　　　左一右三　鶴年

寢安吉兆報吾君，英物生來果不祥，一例麟兒天上降，懸弧此日耀楡枌。

　　4、以詩社本身為主題，如：大同（14）曉鐘（216）等等。這一類的詩，常以詩社本身為主題，以詩鐘的方式訓練社員作詩。

大同吟社

〈大同〉（鳳頂格）　詞宗　許梓桑、黃梅生

　　　左一　右二十九　鶴年

◎　　　　　　　◎

大能割據分三晉，同振騷風繼二南。

　　　右一左十八　鶴年

◎　　　　　　　◎

大才自古難為用，同道騷風今孰謀。

曉鐘吟社

〈曉鐘〉（魁斗格）　左詞宗　一泓、右詞宗　景岳

　　　左一右十五　笠雲

◎　　　　　　　◎

曉鏡高堂悲雪鬢，夜船客子聽霜鐘。

　　　右一　十菊

◎　　　　　　　◎

曉間漫擊尊前筑，午過驚聞飯後鐘。

　　5、與宗教有關之詩題，如：浴佛（36）玉佛（82）法雨（277），從這類的題目也可以反映出當時詩社吟友的宗教傾向。

大同吟社

〈浴佛〉　左詞宗　周野鶴、右詞宗　張一泓

　　　左右元　鶴年

勝會龍華事未非，蘭陽浴罷悟禪機，此身知否原無垢，多事高僧更振衣。

　　　右避左二　一泓

灌頂香湯例不違，白毫萬丈現光暉，一塵不染何須洗，多事人間弄是非。

相傳佛陀釋迦牟尼出世時，有九龍口吐香水，沐浴佛身。為紀念此事，中國佛教於佛誕日（農曆四月初八）舉行浴佛儀式。而此宗教節日便成為詩人筆下作詩的題材。

大同吟社

〈玉佛〉　左詞宗　劉以廉、右詞宗　王吞雲

　　　左一　一泓

　　　　◎　◎

金經合誦多參佛，玉粒同餐得幾人。

　　　右一　照熙

　　◎　◎

蓮荺串成聊念佛，玉釵敲斷為懷人。

　　　左二　瘦瓊

　　　　◎　◎

石幢高峙欽文佛，玉版同參憶老坡。

大同吟社

〈法雨〉　左詞宗　曉齋、右詞宗　待珊

　　　左一右四　淇園

佛因無我盡宏施，爭見枯枝得潤滋，遍洒大千兜率外，慧燈智水信知時。

　　　右一　崇岳

從來我佛本慈悲，膏澤均沾信不私，惆悵夏畦枯渴甚，願教點滴濟時危。

　　　左二　十菊

醞釀慈雲現一涯，沛然鹿苑潤枯枝，何時洒遍三千界，滋我公田及我私。

從上述的詩作〈法雨〉可以看到，當時地方似乎有缺水之虞，所以詩人不是只是單純敘述佛的恩澤廣被三千世界，而是從佛的慈悲為出發點，希望當時

的眾生百姓皆能沐浴在佛的恩澤下，使得原本乾枯的萬物及農作物能得到雨水的滋潤。

　　以上由詩歌的題材類別來探討當時基隆地區詩作中主要的題材選取及所反映的問題。從題材的選擇而言，可以看出當時基隆詩社幾乎以所謂「寫景詩」、「詠物詩」、「酬贈唱和詩」為創作的主要題材，這也是當時整個臺灣詩壇的縮影。然而，在這眾多的詩作當中，藉景抒懷者亦不在少數，或用傳統的「比」、「興」手法，暗諷當時的局勢，實不乏故國之思及愛國情懷的作品。為何出現這樣的情形，恐怕可以說是藉詩題作為掩護，比較不會引起當時敏感的殖民政府注意，可以避免涉入複雜的政治問題中。

（二）就詩歌體裁而言

　　日據時期的詩壇普遍以「擊缽吟」作為詩社集會競賽的方式，擊缽吟主要規則大都是限題、限時、限體、限韻。以詩歌的體裁來看，主要以五絕、五律或七絕、七律等所謂的「近體詩」為主，不作古體詩。由於寫作近體詩，限制十分多，包括句數、字數、平仄、格律等等，正好符好當時集會時以詩競賽的方式。就詩人的角度而言，寫作近體詩可藉此在短時間內磨練詞句，提升作詩的功力。以評審的角度而言，近體詩的評選由於加入格律等限制，在競賽時，比較有一定的評審標準，比較能客觀公正。以下茲錄數首當時基隆詩社集會時所作近體詩之五、七絕及五、七律：

1、五言絕句之例：鼎社

〈防波堤〉　左詞宗　陳望遠、右詞宗　蕭水秀

　　　　　左一右十七　景福

萬頃吞舟勢，疏流一念先，雄圖追貢禹，功豈讓前賢。

　　　　　右一　淇園

絕似防民口，長堤障百川，任他波浪險，不慮海為田。

2、七言絕句之例：網珊吟社

〈鄉夢〉　左詞宗　曾笑雲、右詞宗　張一泓

　　　　　左一右避　張一泓

鄉關風物認來真，一枕酣時往返頻，被撲十年歸未來，卻增遊子淚痕新。

　　　　　左二右二　簡穆如

秋風動處憶相莁，萬里家山幻若真，我似莊生能化蝶，何須客裡苦吟身。

3、五言律詩之例：大同吟社

〈春帆〉　左詞宗　葉文樞、右詞宗　杜仰山

左一右避　仰山

東風懸一幅，水國夕陽開，向背波千頃，浮沉夢幾回。

危檣癡燕宿，細雨野鷗來，佳句吟工部，歸心二月催。

右一左十三　筱村

何必多宮錦，茭蒲一幅裁，浮沉移落日，舒卷向高桅。

影逐鷗夷舸，風吹嚴子臺，江湖愁滿地，泛櫂共歸來。

4、七言律詩之例：大同吟社

〈晴耕園賞月〉　左詞宗　一泓、右詞宗 鶴年

左一右九　種人

園署晴耕命意嘉，遍邀吟侶玩蟾華，平分秋色天逾曠，大好風光興可賒。

七字詩爭描素魄，一樽酒美醉流霞，憑欄頓觸鄉關懷，短鬢蕭蕭感靡涯。

右一左避　十菊

陽烏已向嶺西斜，佳節名園好駐車，晝夜平分秋有色，詩心相印璧無斜。

詎容雲擾冰蟾窟，遐想仙樵玉樹華，明日可憐宵漸永，有人雨讀在鄰家。

雖然詩社作擊鉢吟主要以近體詩為創作之體裁，但是觀察《詩報》所載的基隆詩，以數量上來看，詩社作詩主要仍以七絕、七律佔大多數，五言絕句之創作數量極少。除了所謂的近體詩外，詩社在集會時，亦作「詩鐘」。詩鐘者，訓練作對句，其規制與時限至為嚴苛。基隆地區詩社的文學活動最常使用體裁以律詩、絕句為主，詩鐘次之。

　詩鐘者是日據時期詩社作詩的方式之一，也是徵詩時的一種計時方式，主要由來是出題時，將錢幣繫上絲線，並纏上一柱香，下面放著銅盤，將香燃燒將近，錢幣會落盤，聲音鏗然，參加的詩人即得交卷。詩鐘，又曰「改詩」，又有：「羊角對」、「百納琴」、「唱詩」、「折枝」、「詩畸」、「雕玉雙聯」之稱等等不同的稱呼。而日據時期的基隆詩社以詩鐘徵題可說是十分普遍的現象，以下就以基隆詩社曾作的詩鐘作一說明。

　1、嵌字類正格：共有七種，鳳（鶴）頂格、燕頷格、鳶肩格、蜂腰格、鶴膝格、鳧脛格、龍尾格（雁足格、燕尾格）等。

　甲、鳳頂格、鶴頂格：大同（14）淨心（36）慰園（15）西郊（21）。

（1）鳳（鶴）頂格：

大同吟社

〈大同〉（鳳頂格）

　　　　　左一右二十九　鶴年

　◎　　　　　　　◎

大能割據分三晉，同振騷風繼二南。

　　　　　右一左十八　鶴年

　◎　　　　　　　◎

大才自古難為用，同道騷風今孰謀。

　　　　　左二右二十一　秩眉

　◎　　　　　　　◎

大略漢高成帝業，同憐魏主妒人才。

大同吟社

〈慰園〉（鶴頂格）

　　　　　左一右七　靜淵

　◎　　　　　　　◎

慰人不見多情月，園叟常栽得意花。

　　　　　右一　一泓

　◎　　　　　　　◎

慰己平生唯補拙，園靜寧無酒一杯。

　　　　　右二右十一　靜淵

　◎　　　　　　　◎

慰安喜有書千卷，園靜寧無酒一杯。

曉鐘吟社

〈西郊〉（鶴頂格）

　　　　　左一右八　杜碧嵐

　◎　　　　　　　◎

郊陌柳絲愁少婦，西山鵑血感王孫。

右一左三　同人

◎　　　　　　　◎

西狩獲麟憂孔子，郊遊斬蟒壯劉邦。

左二　杜毓洲

（2）燕領格：秋墨（19）。

大同吟社

〈秋墨〉（19）

左一　子洵

◎　　　　　　　◎

醉墨淋漓傳草聖，涼秋蕭瑟送花神。

左一左十五　子洵

◎　　　　　　　◎

春秋大義嚴褒貶，朱墨殊途任是非。

左二右三　鶴年

◎　　　　　　　◎

翰墨因緣懷李杜，春秋褒貶繼殷周。

將「秋」、「墨」兩字嵌於兩句第二字，故又名二唱。

（3）蜂腰格：戒銀（24）

大同吟社

〈戒銀〉

左一右四　　子洵

◎　　　　　　　◎

雞園受戒猶難悟，虎穴藏銀亦敢探。

右一左一三　景岳

◎　　　　　　　◎

志士卻銀廉可範，聖人遺戒德堪欽。

左二右十　　種人

◎　　　　　　　◎

帝殿鋪銀疑玉砌，禪門破戒怒金剛。

右二左五　　鶴年

即將「戒」、「銀」嵌於兩句的第四字。

大同吟社

〈教鞭〉（玉帶格）

左一右九　一泓

◎　　　　　◎

公子墜鞭驕柳巷，老禪說教據蓮夢。

右一左避　鶴年

◎　　　　　◎

張良可教因能忍，祖狄揚鞭豈等閑。

　　這裡的〈教鞭〉原作為「玉帶格」，但玉帶格原是謎格一種。從其中詩句考察應該歸為蜂腰格。

（4）鶴膝格：品茶（20）溫帽（25）魚電（272）。

大同吟社

〈品茶〉

擬作　其淵

◎　　　　　◎

蘭苑秋塞茶正熟，杏林春暮品猶香。

其二　同人

◎　　　　　◎

冬夜敲詩茶鼎熟，秋天藝菊品題香。

一　野鶴

◎　　　　　◎

老僧欵客茶三等，古帝封官品九階。

二　惠疇

（5）梟徑格：南念（23）

鐘亭

〈南念〉　（二十三號）

左一右二　子洵

◎　　　　　◎

楚主禾獲終南面，漢帝寧灰始念心。

右一左避　野鶴

調和節候憑南呂，勘破塵緣繫念珠。

2、嵌字類別格：比翼格、魁斗格（頂踵格）蟬聯格、雲泥格、鷺拳格、湯網格、鼎足格（鼎崎格）鴻爪格、雙鉤格（四皓格）唾珠格、流水格、碎錦格（雜組格、碎流格）轆轤格（捲簾格）。

（1）魁斗格：曉鐘（217）

曉鐘吟社

〈曉鐘〉（魁斗格）　左詞宗　一泓、右詞宗　景岳

　　　左一右十五　笠雲

◎　　　　　　　　　　　　　　　◎

曉鏡高堂悲雪鬢，夜船客子聽霜鐘。

　　　右一　十菊

◎　　　　　　　　　　　　　　　◎

曉間漫擊尊前筑，午過驚閒飯後鐘。

由上述的詩句，可以看出魁斗格嵌於第一句第一個字，第二句的最末一字。

（2）蟬聯格：氣方（37）夏蟲（41）破晝（55）

大同吟社

〈氣方〉

　　　　　左一　夢花

　　　　　　　　◎　◎

人間盡有元龍氣，方外寧無吐鳳才。

　　　　　右一　郭元

　　　　　　　　◎　◎

未有孤城酬俠氣，方來遠戍報忠情。

　　　　　左二　春榮

　　　　　　　　◎　◎

自古英用皆短氣，方今兒女盡多情。

鄞江吟社

〈夏蟲〉

　　　　　左一右十　子洵

　　　　　　　　◎　◎

虎視多年耽大夏，蟲鳴儘日慘中原。

　　　　　　右一左八　子淘
　　　　　　　◎　　　◎
鴛鴦戲水蓮塘夏，虫豸吟風菊圃秋。

大同吟社

〈破畫〉

　　　　　　左一右避　鶴年
　　　　　　　◎　　　◎
驅盡蠹魚書不破，畫來駿馬筆非凡。

　　　　　　右一左避　一泓
　　　　　　　◎　　　◎
分鏡樂昌終不破，畫眉京兆總堪誇。

　　　　　　左二右五　春霖
　　　　　　　◎　　　◎
點墨憑誰傳妙畫，破甌為汝感難完。

蟬聯格則為嵌於第一句末字及第二句第一字。

（3）鼎足格：獅球嶺（220）

大同吟社

〈獅球嶺〉　左詞宗　莊芳池、右詞宗　陳望遠
　　　　　　左一右十一　雨邨
　　　　　　　◎　　　　　　◎
虎碑草嶺留名跡，獅穴基津戲采球。

　　　　　　右一左八　景岳
　　　　　　　◎　　　　　　◎
龍噓峻嶺蟠天闕，獅醒瀛洲震地球。

　　3、分詠格：大致可分為六種，分詠格、合詠格、單詠格、晦明格、嵌詠格、籠紗格，基隆詩社僅有做分詠格之資料。

　　分詠格：此類題目為兩種不相類的事物，作法上是將此兩類事物各詠一句，不露題字，必須對仗工整，使人一望即知所詠為何。如：蓮、張敞（52）榕、朱買臣（55）虎、戍婦（169）。

大同吟社

〈蓮、張敞〉　社友簡穆如君新婚

　　　　左一　石鯨

此郎貌美花羞殺，似子情深黛悅描。

　　　　右一　子珊

並蒂花開君子貌，一枝筆畫美人眉。

　　　　左二右九　子淘

畫眉一世稱才子，向臉雙妍待美人。

　　　　右二左九　春霖

愛汝生成紅藕節，為妻畫就遠山眉。

　　此次詩鐘主要為大同吟社社友簡穆如新婚，題中的「張敞」，為西漢人，傳說他為妻子畫眉，後比喻為夫妻恩愛之意。可以看出詩社吟友為表達為簡穆如祝賀之意而做的詩鐘。

同勵吟社

〈榕、朱買臣〉

　　　　左一右六　景光

覆水更難收馬首，搖風直欲化龍鱗。

　　　　右一左四　子村

難容妻子遲三載，已把聲明村八閩。

　　　　左二右避　藏芝

水覆馬前千古鑑，名留城闕八閩稱。

　　同勵吟社此次的詩鐘以〈榕、朱買臣〉為題。相傳朱買臣未取得功名前，因為家貧，以賣柴度日，買臣妻求去。朱買臣取得功名後，前妻表達和好之意，希望與之再婚，朱買臣潑一盆水，並允諾前妻若能收回原來的水，便與她再婚。

　　就上述作品來看，擊缽吟詩的限制雖然多，但實際上不乏佳作。詩人需要在短時間內，以規定的題目及格律完成作品，而且須言之有物，通篇立意佳才能蒙得詞宗青睞，恐怕也考驗著詩人是否具有真材實學。黃國雄在《海門擊缽吟集第四集》的發刊詞中云：「擊缽詩因受限題限詩之束縛，運詞遣字間殊欠琢飾，亦欠推敲，頗受譏評，但鄙意卻以為不能一概而論，據此而抹煞其功能，豈不聞十步之內必有芳草之喻。……能吸引後進參與風雅，各展

其才華、共研其聲韻，藉以維護斯文一脈之不墜，堪云居功良偉。〔註69〕」
擊缽吟詩的形式，不僅可做為詩社的月課，也可成為詩社間往來，或舉行詩
人大會的規則，都能增進詩人的情誼及互通聲息功能，正所謂詩「群」的功
能。在艱困的政治環境下，詩社的文學活動，更能使詩風廣被、延斯文一線，
也成為保存傳統文化的重要方式。

〔註69〕基隆市詩學研究會：《海門擊缽吟集第四集》，（基隆詩學研究會，民國九十二
　　　　年九月二十八日），發刊詞。